図書館業務に役立つ HTML・PHP 入門

Webサイト構築のための基礎を学ぶ

星野 雅英

樹村房

はじめに

　図書館の仕事は，図書館情報システムがないと機能しなくなりました。今や，特定の人だけでなく，すべての図書館員にとっても，図書館のWebサイト，情報検索システム，図書館業務システムなどに関する基本的な知識を身につけ，その仕組みを知ることが不可欠な時代となりました。その仕組みを知るには，Webサイトを作成し，図書館情報システムをプログラミングする演習が必要ではないかと考えて，本書を作成しました。

　演習の題材には，絵本の紹介や図書館のWebページ，絵本の検索システム，OPAC（蔵書検索システム），貸出システム，目録システムなど，図書館関係者になじみの深いものを選びました。

　本書の演習問題では，Webページ作成のためのツールにHTML，プログラム言語にPHP，データベースにMySQLを使用します。HTMLは，現在，世界中で最も普及し，HTMLで作成されたWebページを閲覧するWebブラウザは，どのパソコンにも標準装備されています。PHPは，初心者にわかりやすく，MySQLは高速で使いやすいと評判がよく，どちらもフリーで公開されています。PHP，MySQLともに，本格的なWebサイトの構築にもよく使用されているものです。

　本書は，「習うより慣れよ」ということで，演習問題を中心に4編16講の構成にしました。各講は，解説と演習問題からなります。各編の基本的な事項は，各講の解説の中で順を追って説明しています。各講の演習問題は，実行結果例，解答例，その説明からなります。解答例に沿って演習問題に取り組んでいただければ自ずと理解できるようになり，広い意味で図書館業務に役立つHTMLやPHPの基礎とWebサイト構築のための基礎を確実に身につけることができます。折りにふれて解説を読みなおしていただければ，さらに理解が深まると思います。

　演習問題に取り組むには，PHPやMySQLが使用できるWebサーバ環境が不可欠ですが，これまで，初心者にはWebサーバ環境を用意すること自体が大きなネックでした。幸い，Webサーバ環境を構築するためのソフトウェア（PHPやMySQLを含む）をパッケージ化したXAMPP（ザンプ）がフリーで公開されています。これをダウンロードし，データベース（ehondb）をMySQLにあらかじめ作成したうえで，演習用のWebサーバ環境として，「ehondbonXAMPP」を準備しました。それを，本書の発行元である樹村房のWebサイトに，フリーで公開していただきました。これをUSBメモリにインストールしていただければ，誰にも迷惑をかけない個人的なWebサーバ環境を用意できます。USBメモ

リをパソコンにセットすれば，ただちに演習問題に取り組むことが可能です。

　本書のもとになった演習問題を使って，「図書館情報技術論」（半期16回）の授業を武蔵野大学で担当して4年経ちました。この授業の受講生のほとんどが文系ですので，最初の頃は「パソコンが苦手です」のオンパレードです。しかし，最後には，「受講して良かった」という感想が数多く寄せられます。しかも，受講生全員がそれぞれ個性的なWebサイトを開発できるようになります。

　これまでの受講生のさまざまな質問と誤りの指摘のおかげで，間違ったところだけでなく，わかりにくい／誤りやすいところを毎年見直して本書のような演習問題になりました。また，本書を作成するにあたって，特にミスしやすい点を注記するとともに，ミスを発見しやすいように「よく誤りやすい例」を追加できました。これまでの受講生に感謝いたします。

　「図書館情報技術論」の受講生はもちろんですが，これまでWebサーバ環境を用意できないためにあきらめていた図書館員の方々に，一度は勉強してみたいと思った方々に自学自習用の教材として，本書とWebサーバ環境のehondbonXAMPPを活用していただければ幸いです。また，仕事などの企画や提案の際に，試作版の開発とプレゼンテーションなどにも活用していただければ望外の喜びです。

　最後になりましたが，本書の出版を勧めていただき，さまざまなアドバイスをいただいた武蔵野大学小西和信教授に感謝いたします。そして，出版を引き受けていただき，Webサーバ環境であるehondbonXAMPPをフリーで公開していただいた樹村房の大塚栄一社長に感謝いたします。また，箇条書きスタイルの記述が不揃いの原稿を，本書のようなテキストに体裁を整えていただき，演習問題の確認，用語のチェック，実行例の再作成，ehondbonXAMPPのダウンロードページの作成などにご尽力いただいた編集の石村早紀氏に感謝いたします。

　平成30年1月5日

星野　雅英

図書館業務に役立つ HTML・PHP 入門

もくじ

はじめに　iii

本書の使い方　xi

第1編 ────── 1

第1講　HTML や PHP は難しくない ······················ 2

1.1　HTML や PHP は難しくない　2

1.2　簡単な検索システムの作成例　2

1.3　ファイルの種類と拡張子　4

演習1　Word で「絵本の紹介」を作成 ····················· 5

1-1　例題1「絵本の紹介」の作成　5

1-2　例題2 HTML として保存　5

第2講　HTML 入門1：基本的なタグ ····················· 9

2.1　HTML とは　9

2.2　HTML の基本的な構造　9

2.3　タグと要素内容の記述形式　10

2.4　演習2 での HTML 文書作成例　11

2.5　演習2 で使用するタグ　12

2.6　HTML ファイルの開き方　13

2.7　テキストエディタ「メモ帳」の編集機能　14

2.8　拡張子の表示設定　14

演習2　簡単な Web ページの作成 ······················ 15

2-1　例題1 超簡単な HTML 文書の作成　15

2-2　例題2 画像の表示　16

2-3　例題3 HTML 文書の完成　17

第3講　HTML入門2：表の作成と簡単なリンク ………………………… 19
　3.1　表の作成　19
　3.2　HTML文書のリンク　21
演習3　「絵本の紹介」の作成 ……………………………………………… 24
　3-1　例題1　リンクの作成　24
　3-2　例題2　「戻る」リンクの作成　26
　3-3　例題3　表形式での表示　27
　3-4　例題4　表内に画像を表示　28

第4講　HTML入門3：基本的なリンク ……………………………………… 30
　4.1　基本的なリンク　30
　4.2　具体的なリンク例　30
演習4　「利用案内」の作成1 ……………………………………………… 32
　4-1　例題1　「図書館トップページ」の作成　32
　4-2　例題2　「利用案内」の作成　33
　4-3　例題3　工事中のページの作成　33
　4-4　例題4　「利用案内」の各メニューの作成　34

第5講　HTML入門4：特定場所へのリンク ………………………………… 39
　5.1　別の文書の特定場所への移動　39
　5.2　同一文書の特定場所への移動　40
演習5　「利用案内」の作成2 ……………………………………………… 42
　5-1　例題1　別文書の特定場所に移動／リンク元の作成　42
　5-2　例題2　別文書の特定場所に移動／リンク先の作成　43
　5-3　例題3　同一文書内の特定場所に移動　44

第2編 ──────────────────────────── 47

第6講　PHP入門1：PHPの基本-1 …………………………………………… 48
　6.1　PHPが必要　48
　6.2　PHPの特徴　49
　6.3　echoコマンド・変数　50

6.4　アルゴリズムの例−1　52
  6.5　PHP の作成手順等　54
  6.6　全角スペース　55
  6.7　Web サーバ環境と演習の準備　56

演習6　PHP の基本演習1 …………………………………………………………… 58
  6-1　例題1　演習メニューの作成　58
  6-2　例題2　「1) アルゴリズム1　変数」の作成　59
  6-3　例題3　「2) アルゴリズム2　繰り返し」の作成　61

第7講　PHP 入門2：PHP の基本−2 ………………………………………………… 64
  7.1　アルゴリズムの例−2　64
  7.2　関数　65
  7.3　文字列の結合　66
  7.4　エスケープ処理について　67

演習7　PHP の基本演習2 …………………………………………………………… 68
  7-1　例題1　「3) アルゴリズム3　if 文1」の作成　68
  7-2　例題2　「4) アルゴリズム4　if 文2」の作成　69
  7-3　例題3　「5) アルゴリズム5　switch」の作成　70
  7-4　例題4　「6) アルゴリズム6　文字列」の作成　71

第8講　PHP 入門3：パラメタの受け渡し ………………………………………… 74
  8.1　入力画面は HTML で作成　74
  8.2　パラメタの受け渡し　74

演習8　入力・送信と受信・処理 …………………………………………………… 77
  8-1　例題1　パラメタの入力と送信　77
  8-2　例題2　パラメタの受信と処理　78
  8-3　例題3　プルダウンメニューの作成　80
  8-4　例題4　ラジオボタンの作成　81
  8-5　例題5　分かち書き処理（入力）　83
  8-6　例題6　分かち書き処理　84

第 3 編 ——————————————————— 87

第 9 講　PHP 入門 4／MySQL 入門 1：DBMS と検索手順・SQL の概要 …… 88
- 9.1　MySQL　88
- 9.2　使用するデータベース　89
- 9.3　データベース検索手順　90
- 9.4　SQL（SELECT 文）　93
- 9.5　検索結果の受け取り　93

演習 9　簡単な検索 ……………………………………………………………… 96
- 9-1　例題 1　簡単な検索の画面例　96
- 9-2　例題 2　検索処理　97
- 9-3　例題 3　著者検索画面　100
- 9-4　例題 4　著者検索処理　100

第 10 講　PHP 入門 5／MySQL 入門 2：SQL（SELECT 文）の詳細 …… 103
- 10.1　SELECT 文の検索条件　103
- 10.2　検索条件の複数指定　103

演習 10　複数条件検索 ………………………………………………………… 105
- 10-1　例題 1　複数キーワードの AND 検索画面　105
- 10-2　例題 2　複数キーワードの AND 検索処理　106
- 10-3　例題 3　複数キーワードの OR 検索画面　108
- 10-4　例題 4　複数キーワードの OR 検索処理　108
- 10-5　例題 5　2 項目の AND 検索画面　109
- 10-6　例題 6　2 項目の AND 検索処理　110

第 11 講　PHP 入門 6／MySQL 入門 3：処理手順とフローチャート …… 113
- 11.1　フローチャートとは　113
- 11.2　フローチャートの具体例　114

演習 11　詳細検索 ……………………………………………………………… 117
- 11-1　例題 1　複数項目の検索画面　117
- 11-2　例題 2　複数項目の検索処理　119

第4編 ———————————————————— 123

第12講　開発編1：OPACの仕組み ———————————— 124
- 12.1　複数のファイルにアクセス　124
- 12.2　OPACの処理手順　126

演習12　OPAC ———————————————————————— 128
- 12-1　例題1　OPACの検索画面　128
- 12-2　例題2　OPACの検索処理　129
- 12-3　例題3　OPAC簡易検索と処理　130

第13講　開発編2：貸出システムの仕組み ———————— 132
- 13.1　貸出システム　132
- 13.2　貸出システムの処理手順　134
- 13.3　使用するSQL　135
- 13.4　貸出システムにおけるファイル検索・処理　135

演習13　貸出システム ———————————————————— 139
- 13-1　例題1　貸出画面　139
- 13-2　例題2　貸出処理　140

第14講　開発編3：目録作成システムの仕組み —————— 145
- 14.1　目録システム　145
- 14.2　目録システム（更新処理）の処理手順　146
- 14.3　更新画面の作成方法（簡略化した例）　146

演習14　目録作成システム —————————————————— 148
- 14-1　例題1　検索画面　148
- 14-2　例題2　検索結果・更新レコード選択画面　149
- 14-3　例題3　更新画面　151
- 14-4　例題4　更新処理　154

第 15 講　開発編 4：簡略・詳細表示 ……………………………………… 156
15.1　簡略表示と詳細表示　156
15.2　詳細表示での技法　157
15.3　get メソッドによるパラメタの受け渡し　158

演習 15　簡略・詳細表示 …………………………………………………… 159
15-1　例題 1　検索画面　159
15-2　例題 2　検索処理・簡略表示　160
15-3　例題 3　詳細表示　162

第 16 講　開発編 5：CSS とインラインフレームによる分割表示 ………… 166
16.1　CSS（スタイルシート）とは　166
16.2　画面の分割表示　167
16.3　同一文書の分割表示　168
16.4　インラインフレームを使った表示（<a> タグのケース）　169
16.5　インラインフレームを使った表示（<form> タグのケース）　171

演習 16　分割表示 …………………………………………………………… 173
16-1　例題 1　利用案内（同一文書の分割表示）　173
16-2　例題 2　利用案内（別文書へのリンク）　175
16-3　例題 3　詳細検索　177

付録 1　ehondbonXAMPP のインストール　182
付録 2　Web サーバとアクセス方法　185
付録 3　MySQL モニタ phpMyAdmin の使い方　191
付録 4　データベース ehondb のファイル一覧　196

参考文献　201
さくいん　202

本書の使い方

1. 演習問題について

　第1編では，HTMLの基本とHTMLの基本的なタグを学習できるように，絵本の紹介や図書館のWebページを作成する演習問題を用意しました。第1講と第2講では，順を追って演習が進められるように手順を丁寧に示しました。第3講以降は演習問題を順次難しくしています。HTMLの演習は第4編の最後まで続きます。

　第2編では，PHPの基本的な仕組みとPHPを使ったプログラムが学習でき，アルゴリズムやプログラミングの基礎的な技法が学べるような演習問題を多く用意しました。PHPの演習も最後まで続きます。

　第3編では，PHPの続きとデータベースシステムのMySQLの基本的な仕組みと，MySQL（のデータベースehondb）にアクセスするためのSQLとPHPによるプログラミングの基本的な技法が学べるような演習問題を用意しました。具体的には，データベースehondbを対象とした情報検索システムを中心に扱います。第11講ではSQLを作成する手順をフローチャートで記述する例を解説しています。MySQLの演習も最後まで続きます。

　第4編は，開発編として，第3編までをマスターした方のために，図書館業務システムの仕組みがわかり，本格的なプログラミング力を身につけられるような演習問題を用意しました。具体的には，貸出システム，目録システム，再帰呼び出し技法を使った詳細表示プログラム例を扱います。さらに，最後の第16講では，CSS（スタイルシート）とインラインフレームによるWebページの分割表示例を扱います。

　演習問題が多い講では，一通り目を通すだけで，全ての演習問題を終えなくても次の講に進んでもかまいません。解答例のない演習問題も少しありますが，力試しと思って取り組んでみてください。

2. Webサーバ環境の準備について

　第6講に進むまでに，付録1に従って樹村房のWebサイトからUSBメモリにehondbonXAMPPをインストールしてください。ehondbonXAMPPのベースであるXAMPPはオープンソースソフトウェアで構成され，すべてフリーで公開されていますが，本書で用いるバージョンは，USBメモリで使用できるコンパクトタイプの最終版である

次のバージョンです．

    xampp-portable-win32-1.8.3-5-VC11

このXAMPPにデータベースehondbをあらかじめ搭載したのがehondbonXAMPPです。これをWindows7のパソコンとWebブラウザにInternet Explorer 11を使って，本書の演習問題を作成しました。HTMLは最新のHTML5で記述しています。テストが十分ではありませんが，Windows10のパソコンでも同様に使用できるようです。Windows10やIEと異なるWebブラウザの時は，適宜読み替えてください。また，画面例の一部はWord等でリライトしていますので，実際の画面とはイメージが若干異なる場合があります．

 本書では，わかりやすく，かつ興味を持てるような演習問題とするため，データベースの項目名では英語と日本語の略称が混在していること，この項目名の「内容」では（書誌記述における）「出版者」を「出版社」としていること，演習問題での入力項目・検索結果の見出しなどを適宜変えていることを，あらかじめお断りします。

 Webサーバ環境の内容と利用方法は，付録2をご覧ください。MySQLに搭載したehondbは，エディタのphpMyAdminを使って作成しました。phpMyAdminの基本的な操作については，付録3をご覧ください。演習用データベースehondbについては，付録4をご覧ください。

3. 「よくある誤り例」について

 演習時にさまざまなエラーに出会うと思います。第6講以降では，特に半角スペースのつもりで，全角のスペースを入力する誤りが最も多いようです。全角のスペースか半角の2個のスペースか見た目ではわからないからです。記号類はすべて半角ですが，全角で入力する誤りも少なくないようです。

 エラーの原因となりそうなことを，「よくある誤り例」として，演習問題の最後に適宜掲載しています。これらを参照して，誤りの原因を見つけてください。わからない時は，友人，詳しい人などに聞いて，エラーの見つけ方のコツを体得することをお勧めします。

第1編

第1講　HTMLやPHPは難しくない
　演習1　Wordで「絵本の紹介」を作成

第2講　HTML入門1：基本的なタグ
　演習2　簡単なWebページの作成

第3講　HTML入門2：表の作成と簡単なリンク
　演習3　「絵本の紹介」の作成

第4講　HTML入門3：基本的なリンク
　演習4　「利用案内」の作成1

第5講　HTML入門4：特定場所へのリンク
　演習5　「利用案内」の作成2

第1講　HTMLやPHPは難しくない

1.1　HTMLやPHPは難しくない

　Webサイトを開発・作成するには，ツールとしてHTMLが不可欠です。さらに，HTMLだけでは実現できない，例えばデータベースの検索とその結果の表示に欠かせないプログラミング言語PHPも不可欠です。HTMLはHyper Text Markup Language，PHPはHypertext Processorです。

　HTMLやPHPも，HTMLやPHPを使って開発・作成されるWebサイトも，皆さんが思っているほど難しくはありません。「パソコンが苦手だから」というような心配もいりません。要は「習うより慣れよ」です。本書では，解答例に沿って演習問題に取り組むことによって自然と学習できる方式を採用しましたので，大丈夫です。

1.2　簡単な検索システムの作成例

　本書では，例えば，図1-1のような検索画面をHTMLで作成するという演習問題を用意しています。さらに，入力されたキーワード（「ぐり」）で検索すると，小さなデータベース（演習用の6レコード）を検索して，レコード番号とタイトルと画像（実際の絵本の表紙をイメージして，筆者が作成したもの）が図1-2のように表示されます。こちらは，後で説明しますが，HTMLではなく，PHP（のプログラム）で作成します。

　この図1-1の「検索キーワード」（絵本の言葉）を入力する画面は，次の15行のHTML

図1-1　検索画面

で作成することができます。HTML で作成（「記述」「書く」などの言い方もします）したものが HTML 文書です。それを Web ブラウザで表示したものが，Web ページ（単に「ページ」とも言います）です。

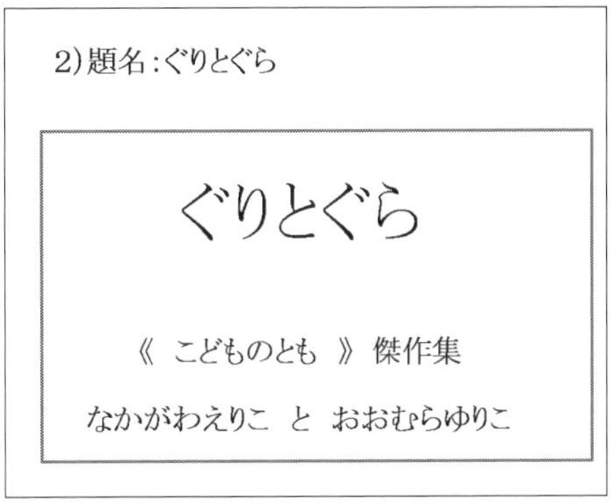

2)題名：ぐりとぐら

ぐりとぐら

《 こどものとも 》傑作集

なかがわえりこ と おおむらゆりこ

図 1-2　検索結果

HTML 文書の例
```
<!DOCTYPE html>
<html>
<head>
 <meta charset="UTF-8">
 <title>eken11.html</title>
</head>
<body>
  <h2> 絵本検索 </h2><br>
  <form method="post" action="eken11.php">
    タイトル
    <input type="text" name="tword"> <br><br>
    <input type="submit" value=" 検索 ">
  </form>
</body>
</html>
```

　この HTML 文書は，中身だけであれば，\<body\> と \</body\> の間の太字の 6 行だけです。簡単に言えば，HTML 文書では，「中見出し」を \<h2\> \</h2\> で，キーワード等の入力フォーマットを \<form\> \</form\> で，入力欄の設定とキーワードの名前を \<input\> で，改行を \<br\>（break の略）で，というように記述します。

　上の例のように，＜＞（山かっこ。半角の大小記号を使います）で挟んだものをタグと呼びます。\<h2\> と \</h2\> などは，対になっていて，前者を開始タグ，後者を終了タグと呼びます。この両者の間に内容などを記述します。改行を意味する \<br\> のように単独のタグもあります。

　上の HTML 文書には，検索処理を行ってその結果を HTML（のタグ）として作成するプログラムが別途必要です。こちらは，PHP でプログラムを作成します。上の \<form\> タグの中で，action="eken11.php" のように，呼び出す先（送信・処理先）の PHP プロ

グラムを指定します。このプログラムは,「eken11.php」というファイル名で別途作成します。

ここでは,eken11.php は示しませんが,この PHP プログラムは,入力されたキーワード（ここでは「ぐり」）でデータベースを検索して,検索した結果を HTML で作成します。図 1-3 がその例です（<body> の前のタグと </body> の後のタグは省略しました）。

```
<body>
2）題名：ぐりとぐら<br><img src='picguri.bmp' alt='ぐりとぐら' width=200><br>
</body>
```

図 1-3　PHP から出力された HTML の作成例

これを Web ブラウザで表示すると,図 1-2 のような検索結果が表示されます。あらかじめ入力キーワードとその検索結果を予測して HTML 文書を作成しておくことはできませんので,入力されたキーワードに応じて検索処理を行うためには,PHP などが不可欠になります。

1.3　ファイルの種類と拡張子

コンピュータで扱うファイルにはさまざまなものがありますが,ファイルの種類を特定するために,一般的には「.」に続けて「拡張子」を付けてファイル名称とします。HTML ファイルの拡張子は,「html」です（例えば「ehon1.html」）。PHP ファイルの拡張子は,「php」です（例えば「eken11.php」）。テキストファイルの拡張子は「txt」です。ファイル名の最後が,「.html」であれば HTML ファイルであり,「.php」は PHP ファイルということです。

HTML 文書や PHP プログラムは,テキストエディタの「メモ帳」で作成します。メモ帳は,どのパソコンでも標準装備されている,最もシンプルなエディタです。初期入力だけでなく,修正を含むさまざまな編集が可能です。

演習1　Wordで「絵本の紹介」を作成

1-1　例題1「絵本の紹介」の作成

　第1講～第5講の演習のために，USBメモリに新規フォルダを「book535」の名前で作成します。もちろん，別の名前でも構いません。授業等であれば，「535」を学籍番号の下3桁に変えるのもよいかと思います。以下では，「book535」で説明します。

　Wordで，好きな絵本をインターネットなどで探して，2冊紹介するページを作成します。Wordでの作成例を図1-4に示します。この「絵本の紹介」は各自作成したものに，これ以降も読み替えてください。図1-5は，第2講の演習で作成しますが，図1-4の「絵本の紹介」をHTMLで作成しWebで表示した例です。

　book535内にWord文書を保存し，Word文書に取り込んだ画像ファイルも，このbook535内に保存します。その際，ファイル名は短い（英数字の）名称に変えた方が便利です。ただし，「.bmp」などの拡張子は決して変えてはいけません。

1-2　例題2 HTMLとして保存

　Wordで作成した「絵本の紹介」をコピーして，ehon1.htmlとして保存します。手順は次のとおりです。

①テキストエディタであるメモ帳を開きます。そのために，パソコン画面の左下にある，「スタート」ボタンをクリック⇒「すべてのプログラム」をクリック⇒「アクセサリ」をクリック⇒「メモ帳」をクリック⇒「開く」をクリック，の順に操作します

②book535内のWord文書を開き，全てをコピーして，メモ帳に貼り付けます。その結果は，図1-6のとおりです（③の操作後，ehon1.htmlで保存したものです）。メモ帳はテキストエディタですので，画像を貼りつけることも文字のスタイルの反映もできません

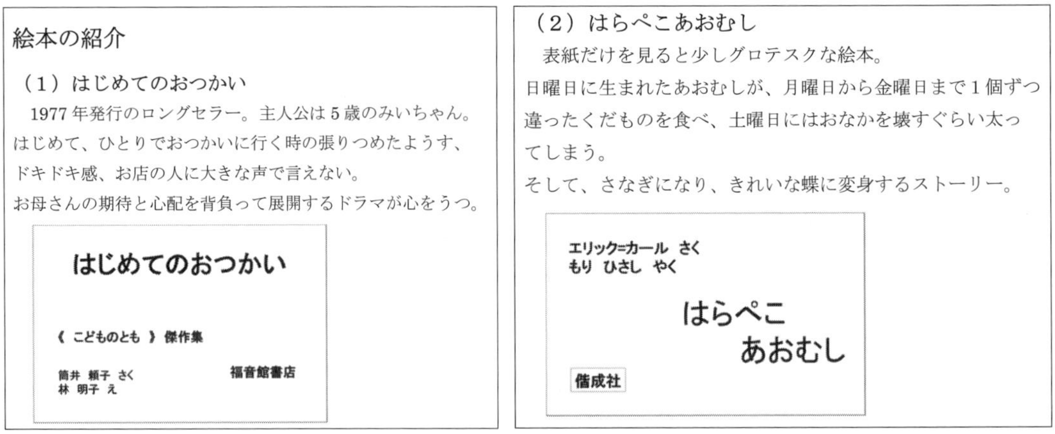

図1-4 「絵本の紹介」の作成例

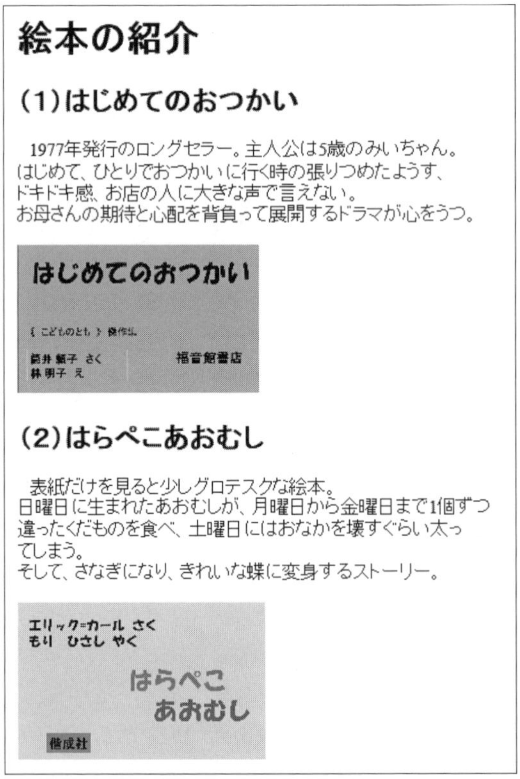

図1-5 Webの表示例

③このメモ帳を，HTMLファイルとして保存します。「メモ帳」の「ファイル」をクリックし「名前を付けて保存」をクリックして，「book535」を開きます。図1-7の(1)のように表示されますので，同図の(2)のように「すべてのファイル」を選び，

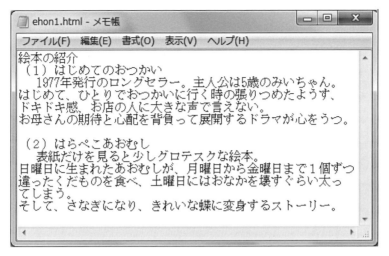

図1-6　ehon1.html の作成例

図1-7　ehon1.html の保存方法

同図の（3）のようにファイル名称を「ehon1.html」と入力し，文字コードとして「UTF-8」を選んで，「保存」キーをクリックします

「すべてのファイル」を選択しないと「テキスト文書」となり，文字コードを「UTF-8」に変えないと「ANSI」コードで保存されます．注意が必要です

④book535 内に保存（作成）した HTML 文書を Web ブラウザで開きます．下のように HTML 文書だとわかる ehon1.html ファイルを選んで（「左クリック」して），次に「右クリック」して，Web ブラウザで開きます（「プログラムから開く」を選んで，

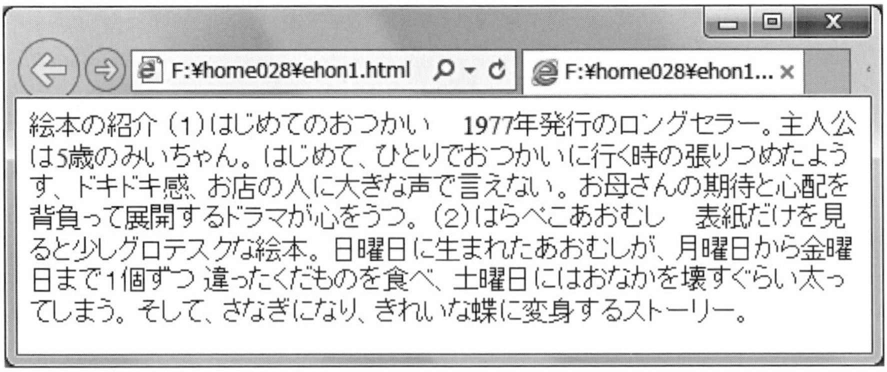

図1-8 ehon1.html のWebブラウザでの表示例

「Internet Explorer」を左クリックします）．あるいは，このファイルを「ダブルクリック」して開くことができます

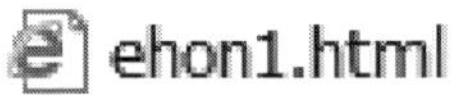

　この結果は，図1-8のように表示されます．これを見ればわかるように，この段階ではHTMLのタグを一つも入れていませんので，文字列は改行もレイアウトもされずに表示されるだけです．

よくある誤りの例1

- ehon1.htmlをWebブラウザで開いても（ダブルクリックしても），開かない
    - → 図1-7（2）のように，ファイルの種類を「すべてのファイル」に変更せず，（1）の「テキスト文書」のまま，「ehon1.html」と入力していませんか．その場合，「ehon1.html.txt」となりますので，図1-7に従ってファイルを保存しなおしたうえで，「ehon1.html.txt」を削除してください．

第2講　HTML入門1：基本的なタグ

2.1　HTMLとは

　Webページを作成（記述）するために，現在最も普及しているのが，HTMLというツール（「言語」）です。HTMLは，Hyper Text Markup Language の略称です。本書では最新のHTML5に従っています。HTMLで記述されたHTML文書を表示するのはWebブラウザです。

　HTMLでは，Word文書のようにはレイアウトや画像を直接記述することはできません。HTMLでは，＜＞で囲まれた，タグというマークを使って，文章の記述，その文章のレイアウトの指示（文字の大きさや色，配置なども），画像の表示などを行います。レイアウトはスタイルシートCSSで指定するのが一般化してきているので，第16講以外はCSSを使わず，簡単に指示できるものに限定しています。

　また，HTMLにはリンク機能があります。これは，メインのWebページ，サブのページ，そのまたサブのページ……というように作成したうえで，それらを相互に呼び出す（リンクを張るとも言います）ことができる機能です。リンク機能については第3講以降に取り扱いますが，必要なWebページを段階的に作成し，リンクを張ることで，Webサイトを完成させることができます。リンク先には，HTML文書に限らず，PHPのプログラムも指定できます。PHPにはHTMLではできない機能がたくさんありますので，PHPのプログラムへのリンクによって，Webサイト開発の内容や対象が大きく広がる可能性があります。

2.2　HTMLの基本的な構造

　HTML文書の基本的な構造は，表2-1のとおりです。

表 2-1　HTML の基本的な構造

タグ	説　　明
<html>	HTML 文書の始めを示すタグ
<head>	文書ヘッダーを，<head> と </head> の間に記述します
<meta>	文字コード等を記述します
<title> </title>	HTML 文書のタイトルを記述します
</head>	文書ヘッダーの終わりを示すタグ
<body>	HTML 文書の本体を，<body> </body> の間に記述します
HTML 文書の本体	
</body>	HTML 文書の本体の終わりを示すタグ
</html>	HTML 文書の終わりを示すタグ

　HTML 文書は <html> で始まり，</html> で終わります。文書ヘッダーは <head>（ヘッダと読む）で始まり，</head> で終わります。この中に，文字コードなどを <meta> で，HTML 文書のタイトルを <title> </title> で記述します。文書の本体は <body> と </body> 内に記述します。

2.3　タグと要素内容の記述形式

　タグと要素内容の記述形式は，次のいずれかです。タグの名前（要素名）に続けてタグの属性を「属性名=値」の形式で指定します。値は " で挟みます。「要素内容」とは，タグの要素の内容という意味で，表示したい文字列です。この要素内容は，文字列だけでなく，さらに，タグと要素内容を入れ子の形で記述することもできます。

```
<要素名> 要素内容</要素名>
　　例：<h1> 絵本図書館 </h1>
<要素名　属性名1=値1 属性名2=値2 ……> 要素内容 </要素名 >
　　例：<a href="ehon31.html">(1)はじめてのお使い </a>　　　　（※第 3 講で説明）
<要素名　属性名1=値1 属性名2=値2 ……>
　　例：<img src="otukai.bmp" alt="はじめてのおつかい" width="30%">
```

> <要素名>
> 　例：

2.4　演習2でのHTML文書作成例

　演習2では，次のようなHTML文書ehon2.htmlを作成します。Webブラウザでの表示例（単に「実行例」とも言います）は第1講の図1-5です。

> ehon2.htmlの例
> <!DOCTYPE html>
> <html>
> <head>
> <meta charset="UTF-8">
> 　<title>ehon2.html</title>
> </head>
> <body>
> <h1>絵本の紹介</h1>
> <h2>（1）はじめてのおつかい</h2>
> <p>　1977年発行のロングセラー。主人公は5歳のみいちゃん。
> はじめて、ひとりでおつかいに行く時の張りつめたようす、
> ドキドキ感、お店の人に大きな声で言えない。
> お母さんの期待と心配を背負って展開するドラマが心をうつ。</p>
> <img src="otukai.bmp" alt="はじめてのおつかい" width="30%">
> <h2>（2）はらぺこあおむし</h2>
> <p>　表紙だけを見ると少しグロテスクな絵本。
> 日曜日に生まれたあおむしが、月曜日から金曜日まで1個ずつ
> 違ったくだものを食べ、土曜日にはおなかを壊すぐらい太っ
> てしまう。
> そして、さなぎになり、きれいな蝶に変身するストーリー。</p>
> <img src="harapeko.bmp" alt="はらぺこあおむし" width="30%">
> </body>
> </html>

　実際のWebサイトでは，次のようにURLを指定して，アクセスしますが，そのため

にはWebサーバが必要です。URLとはUniform Resource Locatorで，アクセス場所と通信方式を表します。httpが通信方式です。www以降がアクセス場所です。

http://www.musashino-u.ac.jp/book535/ehon2.html

第5講までは簡便な方法として，Webサーバを使用せずに，「Webブラウザで開く」，あるいは「ダブルクリックで開く」ことで演習を行います。

2.5　演習2で使用するタグ

<body> </body>内に記述する，演習2で使用するタグを表2-2に示します。開始タグと終了タグが対のものと，単独のタグ（開始タグ欄に記載）のものがあります。開始タグと終了タグの中に，他のタグを入れることもできます。

表2-2　演習2で使用するタグ

開始タグ	終了タグ	説明
<h1>	</h1>	大見出し
<h2>	</h2>	中見出し
<p>	</p>	段落
 		改行
<img>		画像の表示

※なお，一部既出のようにhはheading，pはparagraph，brはbreak，imgはimageの略

ここでは，画像を表示する<img>タグについて説明します。記述方法とその例を次に示します。

属性には，src（sourceの略），alt（alternativeの略，オルトと読む），width（ウィズと読む）などがあります。src属性で，画像ファイルを指定します。alt属性で，画像が表示されない時に表示する文字列を指定します。width属性で，画像の幅を指定します。値の単位は，%かピクセル値です。なお，属性の記述はどのような順序でも構いません。

<img　属性名1=値1 属性名2=値2 …… >
　例：<img src="otukai.bmp" alt="はじめてのおつかい">

```
<img src="harapeko.bmp" alt=" はらぺこあおむし ">
<img src="otukai.bmp" alt=" はじめてのおつかい " width="30%">
```

imgに続けて，半角スペースで1字以上空けて，属性を指定します。属性と属性の間も半角スペースを空けます。属性名と，「=」に続けて値を指定します。属性の値は，「"」で挟んで指定します（数値の時は，「"」がなくても演習レベルでは特に問題ありません。）。「"」は「shift」キーを押しながら，「2」を入力します。alt属性の値は全角でもかまいません。

画像の指定の仕方は，HTML文書と画像が同じbook535内にあることを前提にしたもので，相対アドレスです。絶対アドレスは，「otukai.bmp」ではなく，例えば，

http://localhost/home535/otukai.bmp

のように記述します。画像の拡張子（bmp jpg png など）は画像に固有なものなので，変更しないでください。画像が表示されない時は，alt属性で指定した文字列（例えば「どろんこハリー」）が画像の替わりに☒に続けて表示されます。

2.6 HTMLファイルの開き方

第1講の演習で説明した「開き方」を含めて，HTMLファイルの3通りの開き方を表2-3に示します。

表2-3 HTMLファイルの開き方

1	スタートメニュー⇒すべてのプログラム⇒アクセサリ⇒メモ帳⇒開く⇒book535で，「テキスト文書」を「すべてのファイル」に変え，「開きたいファイル」を開く
2	1) スタートメニュー⇒すべてのプログラム⇒アクセサリ⇒メモ帳⇒開く 2) コンピュータ⇒book535⇒「開きたいファイル」を選んで，マウスの左ボタンを押したまま，メモ帳の中まで移動して，左ボタンから手を離す
3	コンピュータ⇒book535⇒「開きたいファイル」を選んで⇒プログラムから開く⇒「メモ帳」をクリック

2.7 テキストエディタ「メモ帳」の編集機能

メモ帳は，テキストエディタで，さまざまな機能があります。ファイル，編集，書式，表示，ヘルプの機能があります。各々の機能では，プルダウンメニューで，以下のような操作ができます。

「ファイル」では，新規／開く／上書き保存／名前を付けて保存等の操作ができます。「開く」と「名前を付けて保存する」は，演習1-2で経験済みです。「編集」では，元に戻す／切り取り／コピー／貼り付け／削除／検索／置換等の操作ができます。「表示」では，ステータスバーをクリックすると，現在の「行と列」が画面の右下に，例えば「8行，1列」のように表示されます。これは，第6講以降で，PHPで示されるエラー箇所を調べる時に特に便利です。

2.8 拡張子の表示設定

HTMLファイル（HTML文書）の拡張子は，「html」です。PHPファイルは「php」で，テキストファイルは「txt」です。大学の演習室などの共用パソコンの多くは，拡張子が表示されます。自宅等の個人用のパソコンでは，拡張子が表示されないことが多いようです。このテキストの演習を行うには，拡張子が表示されないと何かと不便です。

演習1-2の操作手順に沿ってHTMLファイルを保存する際，間違えて，例えば，「ehon1.html.txt」という名前で保存することがあります。拡張子が表示されないパソコンでは，ファイル名が「ehon1.html」と表示されますので，アイコンが「テキスト」であっても，ファイルの種類が「テキスト　ドキュメント」と表示されていても，案外気づかないものです。

拡張子を表示するには，次のように設定します（パソコンによっては手順が異なる場合もあります）。

- スタートメニュー⇒すべてのプログラム⇒アクセサリ⇒エクスプローラーを開く⇒整理⇒フォルダと検索のオプション⇒表示⇒「登録されている拡張子は選択しない」のチェックを外します

演習2　簡単な Web ページの作成

2-1　例題1　超簡単な HTML 文書の作成

画像の表示を除いて，HTML の最も簡単な基本的なタグである，
　　　`<h1> </h1>`
　　　`<h2> </h2>`
　　　`<p> </p>`
　　　`<br>`
を使って超簡単な HTML 文書を作成します。その作成手順は次のとおりです。

①book535 内の ehon1.html をコピーして，ファイル名を ehon2.html に変えます。あるいは，メモ帳で，ehon1.html を開いて，新規に，「名前をつけて保存」をクリックして ehon2.html を book535 内に作成します。そのうえで，改めて，ehon2.html をメモ帳で開きます

②上のタグを使って，レイアウトを記述します。作成例は後述します

③終了したら，「上書き」します

④book535 の ehon2.html を Web ブラウザで開きます（ダブルクリックします）

⑤表示結果を見て，必要な修正を行い，終了します

⑥再度編集したい時は，メモ帳を開きます

具体的には，大見出しにしたい文字列の前後に，`<h1>` と `</h1>` を，中見出しにしたい文字列の前後に，`<h2>` と `</h2>` を，段落の前後に，`<p>` と `</p>` を，改行したい所に，`<br>` を挿入します。作成例を次に，実行例を図 2-1 に示します。

例題1段階の ehon2.html の例

`<h1>` 絵本の紹介 `</h1>`
`<h2>` （1）はじめてのおつかい `</h2>`

```
<p> 1977 年発行のロングセラー。主人公は 5 歳のみいちゃん。<br>
はじめて、ひとりでおつかいに行く時の張りつめたようす、<br>
ドキドキ感、お店の人に大きな声で言えない。<br>
お母さんの期待と心配を背負って展開するドラマが心をうつ。</p>
<h2>（2）はらぺこあおむし </h2>
<p> 表紙だけを見ると少しグロテスクな絵本。<br>
日曜日に生まれたあおむしが、月曜日から金曜日まで 1 個ずつ <br>
違ったくだものを食べ、土曜日にはおなかを壊すぐらい太っ<br>
てしまう。<br>
そして、さなぎになり、きれいな蝶に変身するストーリー。</p>
```

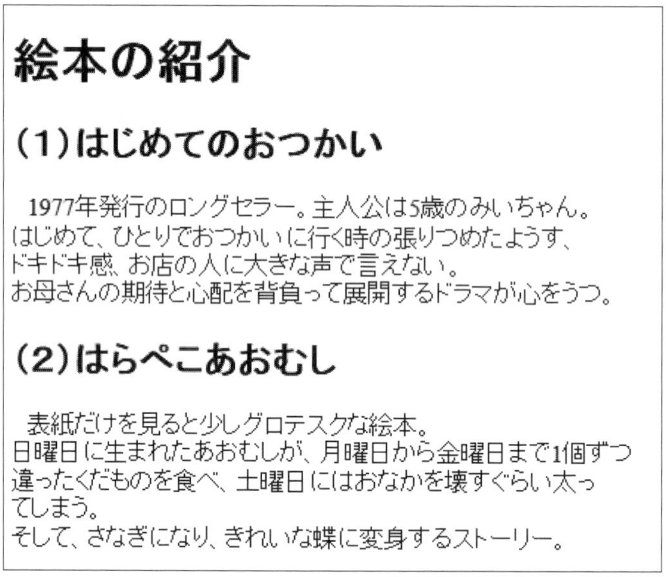

図 2-1　Web ブラウザでの表示例（実行例）

2-2　例題 2　画像の表示

　例題 1 の ehon2.html をそのまま使用します。このファイルの画像を挿入したいところに，<img> タグを次のように記述します。src 属性の値であるファイル名は，相対アドレスですので，画像は必ず book535 内においてください。画像の大きさを変えたい時は，width 属性を使って指定します。「width="30%"」は，画面の 30 ％の幅で表示するという意味です。Web ブラウザで開くと，第 1 講と同様の画像が表示されます。

```
画像表示タグの作成例
（省略）
お母さんの期待と心配を背負って展開するドラマが心をうつ。</p>
<img src="otukai.bmp" alt=" はじめてのおつかい " width="30%">
```

```
（省略）
そして、さなぎになり、きれいな蝶に変身するストーリー。</p>
<img src="harapeko.bmp" alt=" はらぺこあおむし " width="30%">
```

■**半角スペース・全角スペース**

要素名 img と属性名 src の間には半角スペースを必ず挿入してください。

HTML や PHP などの要素名，属性名，変数名や関数名などが識別できるように，前後に，< >，=，"，( )，{ } などの記号か半角スペースが必要です。例えば，「img」と「src」の間に半角スペースが必要です。「src」の後には = 記号がありますので，半角スペースは必要ありません。ただ，見やすいように，alt や width の前後に，半角スペースを挿入することをお勧めします。

全角スペースは記号でなく，文字列です。半角スペース 2 個と，全角スペース 1 個と見た目では全く同じですので，半角スペースのつもりで，全角スペースを入力していたということがよくあります。注意が必要です。

2-3　例題 3 HTML 文書の完成

HTML 文書を完成するために，次の「先頭に記述するもの」「末尾に記述するもの」を ehon2.html の先頭と末尾に追加します。この左欄の番号は，解説のための番号です（以下同様です）。作成後，正しく入力したか確認したうえで「上書き」します。その結果は 2.4 節の ehon2.html のようになります。改めて ehon2.html を Web ブラウザで開き，問題なければ終了です。

```
先頭に記述するもの
1  <!DOCTYPE html>
   <html>
   <head>
2    <meta charset="UTF-8">
```

```
3    <title>ehon2.html</title>
   </head>
   <body>
```

末尾に記述するもの

```
</body>
</html>
```

解説

1 HTMLのタグではありませんが，HTML5で作成したことを示すもので，冒頭に記述します。
2 <meta>タグのcharset（character setの略，キャルセットと読む）属性で，文字セット「UTF-8」を指定します。この文字コードは，現在「標準文字コード」として広く採用されています。
3 タイトルを指定します。**ehon2.html**は演習2のファイル名です。「絵本2」など，内容を示す漢字列で記述しても結構です。

 よくある誤りの例2

① 「見出し」でないところが，「大見出し」や「中見出し」で表示される
　　→ 終了タグ </h1> や </h2> が，<h1> や <h2> になっていませんか。
② 「見出し」が表示されない
　　→ <h1> や <h2> の < > 記号は半角の大小記号ですが，全角の山かっこで入力していませんか。
③ 画像が表示されない
　　→ 画像ファイルがbook535内にない／画像ファイルの拡張子を変えた／画像ファイルの名前を間違えた／「img」の綴りを間違えた／「src」の綴りを間違えた／画像ファイル名の前後にあるべき「"」が抜けている／「src」の後ろに「=」がない，ということはありませんか。

第3講 HTML入門2：
表の作成と簡単なリンク

3.1 表の作成

3.1.1 表の作成

HTML 文書のレイアウトのうち，よく使用されるのが，<table> </table> タグによる表の作成です。表 3-1 に表作成のためのタグを示します。<tr> </tr> タグで行を表示します。さらにこのタグの間に，<td> </td> タグで列を表示します。表の表示例を図3-1に，タグでの記述例をその右に示しました。見出しを太字で表示したい時は，<td> </td> タグのかわりに，<th> </th> タグを使います。見出しは必須ではありません。

表 3-1　表作成のためのタグ

開始タグ	終了タグ	説明
<table>	</table>	表の開始と終了タグ。属性の border="1" は枠線の幅が最も細いものです。2，3……の順に太くなり，0の時は罫線なしです
<tr>	</tr>	行の開始と終了
<td>	</td>	行内の各項目の開始と終了
<th>	</th>	見出しの開始と終了

※なお，tr は table row，td は table data，th は table header の略

番号	利用案内
1	所在地・地図
2	開館日・開館時間
3	利用登録
4	絵本の貸出
5	絵本の紹介

図 3-1　表の表示例

```
<table>タグでの記述例
<table border="1">
 <tr><th>番号</th><th>利用案内</th></tr>
 <tr><td>1</td><td>所在地・地図</td></tr>
 <tr><td>2</td><td>開館日・開館時間</td></tr>
 <tr><td>3</td><td>利用登録</td></tr>
 <tr><td>4</td><td>絵本の貸出</td></tr>
 <tr><td>5</td><td>絵本の紹介</td></tr>
</table>
```

3.1.2　箇条書き

　Webページでは，内容等を箇条書きで記述することが少なくありません。箇条書きには一連番号を付けることもできます。これらを記述するタグを表3-2に示します。

表 3-2　箇条書きのためのタグ

開始タグ	終了タグ	説明
<ol>	</ol>	番号付の箇条書き
<ul>	</ul>	番号なしの箇条書き
<li>	</li>	箇条書きする内容

※なお，ol は order list，ul は unordered list，li は list の略

　番号付／番号なしの箇条書きの表示例を図3-2，図3-3に示します。記述例を図に続けてそれぞれ示しました。

> 1. 貸出には利用者カードが必要です。
> 2. 利用者登録を行って、利用者カードを受け取ってください。

図 3-2　番号付箇条書きの例

番号付の箇条書きの作成例
```
<ol>
  <li>貸出には利用者カードが必要です。</li>
  <li>利用者登録を行って、利用者カードを受け取ってください。</li>
</ol>
```

> ・貸出には利用者カードが必要です。
> ・利用者登録を行って、利用者カードを受け取ってください。

図 3-3　番号なし箇条書きの例

番号なしの箇条書きの作成例
```
<ul>
  <li>貸出には利用者カードが必要です。</li>
  <li>利用者登録を行って、利用者カードを受け取ってください。</li>
</ul>
```

3.2　HTML 文書のリンク

　Web ページが一つだけというのは極めてまれです。トップページから次々にリンクをたどって，あるいは元に戻って，さまざまなページを表示します。

　図 3-4 では，ehon3.html の「はじめてのおつかい」などをクリックすると，ehon31.html や ehon32.html が実行されます（リンクされます）。演習 3-2 を終えた段階で「戻る」をクリックすると，ehon3.html に戻ります。

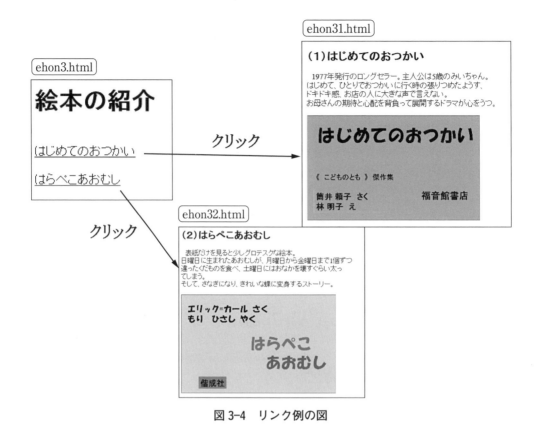

図3-4 リンク例の図

リンクするには，<a> タグ（anchor の略）を使用します。<a> タグの記述方法と例を示します。

```
<a 属性名1=値1 属性名2=値2 ……> 要素内容 </a>
   例：<a href="ehon31.html">(1)はじめてのお使い </a>
       <a href="ehon32.html">(2)はらぺこあおむし </a>
       <a href="ehon3.html"> 絵本の紹介へ戻る </a>
```

<a> と </a> の間に要素内容（多くは文字列）を記述します。この文字列をクリックすると，href（hyper reference の略，エイチレフと読む）属性で指定したファイルへリンクします。要素名（a）と属性名（href）の間は，半角スペースで一つ以上空けます。要素内容には，文字列だけでなく，例えば，見出しとして <h2> </h2> タグや画像を表示する <img> タグなども記述できます。

href 属性は，「href = "ファイル名"」のように指定します。ファイル名は，"（ダブルクォ

テーション）で挟んで指定します。ファイル名は，絶対アドレスと相対アドレスでファイル名を指定できます。絶対アドレスは「http://localhost/book535/ehon31.html」のように指定しますが，例で示した「ehon31.html」などは，相対アドレスです。

　本書では，基本的に相対アドレスを使います。そのため，HTML 文書や画像などは，すべて book535 に作成します。なお，第 6 講以降は，home535 内に作成します。

演習3 「絵本の紹介」の作成

3-1 例題1 リンクの作成

この例題の実行例は，先に示した図3-4です。

リンク関係を記述するには，まず，ehon3.htmlにおいて，次のように記述して，eho31.html，ehon32.htmlにリンクを張ります。

    <a href="ehon31.html"> はじめてのおつかい </a>

    <a href="ehon32.html"> はらぺこあおむし </a>

eken31.htmlとeken32.htmlには，次のように，eken3.htmlにリンクを張ります。

    <a href="ehon3.html"> 戻る </a>

「戻る」も実は，リンクの一つにすぎません。

演習では，次の手順で，ehon3.html，ehon31.html，ehon32.htmlを作成し，リンクづけします。絵本の例は，各自作成したものを使ってください（以下同様です）。

①ehon2.htmlをコピーして，ehon3.html，ehon31.html，ehon32.htmlの三つのファイルを新たに作成します

②ehon31.htmlで，絵本2（はらぺこあおむし）の部分を削除します

③ehon32.htmlで，絵本1（はじめていのおつかい）の部分を削除します

④ehon3.htmlは，ほぼ新規に作成します

⑤ehon3.htmlをWebブラウザで表示して，ehon31.htmlとehon31.htmlへのリンクが正しくできているか，各ページも正しく表示さているかを確かめます

以下に，ehon3.html，ehon31.html，ehon32.htmlの解答例と解説を示します。

```
ehon3.htmlの例
<!DOCTYPE html>
<html>
```

```
    <head>   <meta charset="UTF-8">
      <title>ehon3.html</title>   </head>
    <body>
      <h1> 絵本の紹介 </h1>   <br>
1     <a href="ehon31.html"> はじめてのおつかい </a> <br>  <br>
2     <a href="ehon32.html"> はらぺこあおむし </a>
    </body>
    </html>
```

> **解説**
>
> 1-2 `<a></a>` 間の要素内容が表示され，これをクリックすると，href 属性で指定するファイルにリンクされます。

ehon31.html の例

```
<!DOCTYPE html>
<html>
<head>   <meta charset="UTF-8">
 <title>ehon31.html</title>   </head>
<body>
 <h2>（1）はじめてのおつかい </h2>
 <p>　1977 年発行のロングセラー。主人公は 5 歳のみいちゃん。<br>
はじめて、ひとりでおつかいに行く時の張りつめたようす、<br>
ドキドキ感、お店の人に大きな声で言えない。<br>
お母さんの期待と心配を背負って展開するドラマが心をうつ。</p>
 <img src="otukai.bmp" alt=" はじめてのおつかい " width="30%">
</body>
</html>
```

ehon32.html の例

```
<!DOCTYPE html>
<html>
<head>   <meta charset="UTF-8">
```

```
  <title>ehon32.html</title>   </head>
<body>
  <h2>（２）はらぺこあおむし </h2>
  <p>　表紙だけを見ると少しグロテスクな絵本。<br>
日曜日に生まれたあおむしが、月曜日から金曜日まで１個ずつ <br>
違ったくだものを食べ、土曜日にはおなかを壊すぐらい太っ<br>
てしまう。<br>
そして、さなぎになり、きれいな蝶に変身するストーリー。</p>
  <img src="harapeko.bmp" alt=" はらぺこあおむし " width="30%">
</body>
</html>
```

3-2　例題２「戻る」リンクの作成

ehon31.html，ehon32.html から，ehon3.html に次の「戻る」リンクを張ります。

　　　<a href="ehon3.html"> 戻る </a>

解答例を以下に示します。

ehon31.html の戻るタグ追加例

（省略）
お母さんの期待と心配を背負って展開するドラマが心をうつ。</p>
  <img src="otukai.bmp" alt=" はじめてのおつかい " width=30%>
  <a href="ehon3.html"> 戻る </a>
（省略）

ehon32.html の戻るタグ追加例

（省略）
そして、さなぎになり、きれいな蝶に変身するストーリー。</p>
  <img src="harapeko.bmp" alt=" はらぺこあおむし " width=30%>
  <a href="ehon3.html"> 戻る </a>
（省略）

3-3 例題 3 表形式での表示

「絵本の紹介」を図 3-5 のように表形式で表示します。ファイル名を ehon41.html とします。

図 3-5 表形式での表示例

解答例を次に示します。

```
ehon41.html の例
  <!DOCTYPE html>
  <html>
  <head>   <meta charset="UTF-8">
   <title>ehon41.html</title>   </head>
  <body>
   <h2> 絵本の紹介 </h2>
1 <table border="1">
2 <tr> <th> 番号 </th><th> タイトル </th><th> 概         要 </th> </tr>
3 <tr> <td>（1）</td><td> はじめてのおつかい </td>
   <td>1977 年発行のロングセラー。主人公は 5 歳のみいちゃん。
    はじめて、ひとりでおつかいに行く時の張りつめたようす、
    ドキドキ感、お店の人に大きな声で言えない。
    お母さんの期待と心配を背負って展開するドラマが心をうつ。 </td> </tr>
   <tr> <td>（2）</td><td> はらぺこあおむし </td>
```

```
     <td> 表紙だけを見ると少しグロテスクな絵本。
     日曜日に生まれたあおむしが、月曜日から金曜日まで1個ずつ
     違ったくだものを食べ、土曜日にはおなかを壊すぐらい太ってしまう。<br>
     そして、さなぎになり、きれいな蝶に変身するストーリー。</td> </tr>
4  </table>
   </body>
   </html>
```

解説

1 表の開始です。border 属性で，「1」を指定して，最も細い罫線とします。一見，表示が2重線に見えますが，気にしないでください。
2 <tr> と </tr> で挟んで1行を表示します。この間に，見出しを <th> と </th> で挟んで記述します。繰り返した分だけ，列が作成されます。
3 <tr> と </tr> で挟んで1行を表示します。この間に，列内の内容を <td> と </td> で挟んで記述します。繰り返した分だけ列が作成されます。
4 表の終わりです。

3-4　例題4 表内に画像を表示

図 3-6 のような Web ページを作成します。ehon42.html とします。<img> タグの（画像の）属性として，width="200"（幅を 200 ピクセル）と指定します。この値を，いろいろ変えてみてください。解答例はありませんが，挑戦してみてください。

図 3-6　例題 4 の実行例

よくある誤りの例 3

① リンクできない。リンク先のファイルがない
→ リンク先のファイル名を間違えた／ファイルが book535 内にない／ファイルをテキストファイルで保存した，ということはありませんか。

② リンクできない（その 2）
→ 「href」の綴りを間違えた／ファイル名の前後に，「"」がない／href の後ろに「=」がない／</a> タグがない，ということはありませんか。

③ 表が正しく表示されない
→ 「table」の綴りを間違えた／</table> がない／</tr> が抜けている／<td></td> が多い，あるいは足りない／「border」の綴りを間違えた／「border」の後ろに「=」がない／<th></th> が多い，あるいは足りない／</tr></td></th> が適切なところにない，あるいは余計なところにある，ということはありませんか。

第4講 HTML入門3：基本的なリンク

4.1 基本的なリンク

　HTML文書間のリンクは，<a>タグを用いて行います。さまざまなリンクが可能ですが，リンクを多用すれば，リンクを辿っていくうちに，今どの階層のページにいるか戸惑うことも少なくありません。階層をあまり深くせず，できるだけシンプルなリンク関係を構築できればアクセスしやすくなります。

　なお，「戻る」もリンクの一つで，他のリンクと違いはありません。Webブラウザの左上の戻るボタンとは違って，リンク関係で示す「戻る」も新たなリンクです。

　Webページは，一定の「まとまり」ごとに大小さまざまなWebページに分けて，段階的に作成されるのが普通です。あるページの修正を行っても，他のページへの影響が及ばないか，最小限の手直しで済むようにそれぞれ独立させます。そのうえで，HTML間をうまくリンク付けして，最終的なWebサイトを構築します。

　いったん作成したWebサイトも，その後見直し，再作成，リンク関係の見直しが少なくありません。そのような時に，修正がしやすいように「まとまり」のあるページ単位に作成され，リンク関係も一部だけの見直しで済むようにWebサイトの設計がなされていると，理想的です。

4.2 具体的なリンク例

　本書の演習問題で扱う例を使って，具体的なリンク関係のイメージを図4-1に示します。
　図4-1では，elib1.htmlからelib2.html，その他へ，elib2.htmlからelib21.html～elib28.htmlへ，elib1.htmlからehon31.htmlとehon32.htmlへとリンクしています。逆に，元に「戻る」方向にもリンクされています。elib21.html等からさらに他のページにリンクすることもできます。後で，新たなページを作成して，それから，あるいは，それにリンク関

係をつけることも少なくありません。

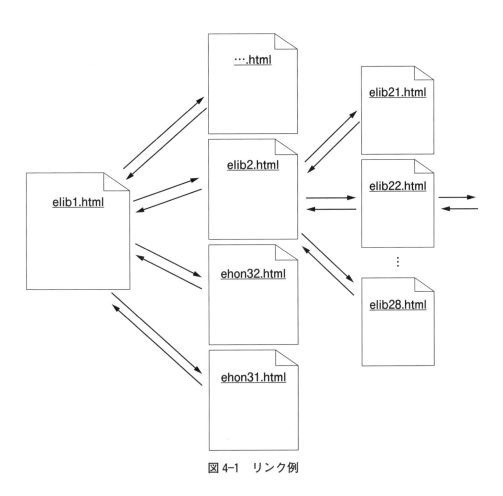

図 4-1　リンク例

演習4 「利用案内」の作成1

4-1 例題1「図書館トップページ」の作成

　図4-2のような図書館Webサイトのトップページを作成します。「絵本の紹介」は，各自が作成したものに変えてください。ファイル名はelib1.htmlとします。各メニューのリンク先のうち，「利用案内」はelib2.htmlとします。elib2.htmlは例題2で作成します。他はelib02.html～elib07.htmlとします。これらは，例題3で作成します。

```
elib1.html の例
<!DOCTYPE html>
<html>
<head>    <meta charset="UTF-8">
 <title>elib1.html</title>    </head>
<body>
   <h2> ◇◇市立絵本図書館 </h2>
   平成２８年１０月１日 <br>
   <p><a href="elib2.html"> １）利用案内 </a></p>
   <p><a href="elib02.html"> ２）資料の検索 </a></p>
   <p><a href="elib03.html"> ３）貸出の確認 </a></p>
   <p><a href="elib04.html"> ４）予約の確認 </a></p>
   <p><a href="elib05.html"> ５）登録の変更 </a></p>
   <p><a href="elib06.html"> ６）レファレンス </a></p>
   <p><a href="elib07.html"> ７）お問い合わせ </a></p><br>
   <h3> 絵本の紹介 </h3>
   <a href="ehon31.html"> はじめてのおつかい </a> <br>
   <a href="ehon32.html"> はらぺこあおむし </a>
</body>
</html>
```

◇◇市立絵本図書館

平成２８年１０月１日
１）利用案内
２）資料の検索
３）貸出の確認
４）予約の確認
５）登録の変更
６）レファレンス
７）お問い合わせ

絵本の紹介
はじめてのおつかい
はらぺこあおむし

図4-2　例題1の実行例

4-2 例題2「利用案内」の作成

例題1のリンク先である「利用案内」のページを図4-3のように作成します。ファイル名はelib2.htmlです。各メニューのリンク先は，elib21.html〜elib25.htmlとします。これらは，例題4で作成します。

elib2.htmlの例
```
<!DOCTYPE html>
<html>
<head>   <meta charset="UTF-8">
  <title>elib2.html</title>   </head>
<body>
  <h3> 利用案内 </h3>
  <p><a href="elib21.html"> 1）開館日・開館時間 </a></p>
  <p><a href="elib22.html"> 2）利用登録 </a></p>
  <p><a href="elib23.html"> 3）資料を借りる </a></p>
  <p><a href="elib24.html"> 4）資料を返す </a></p>
  <p><a href="elib25.html"> 5）資料を探す </a></p>
</body>
</html>
```

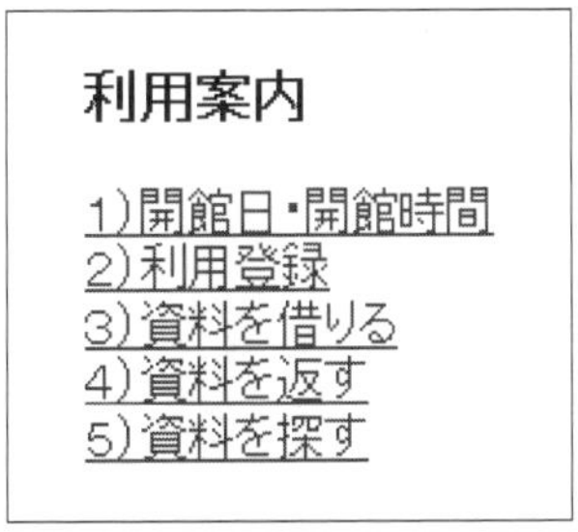

図4-3　例題2の実行例

4-3 例題3 工事中のページの作成

elib02.html〜elib07.htmlは，実行例（図4-4）と解答例を参考に適当に作成してください。必ずしも作成しなくても結構です。

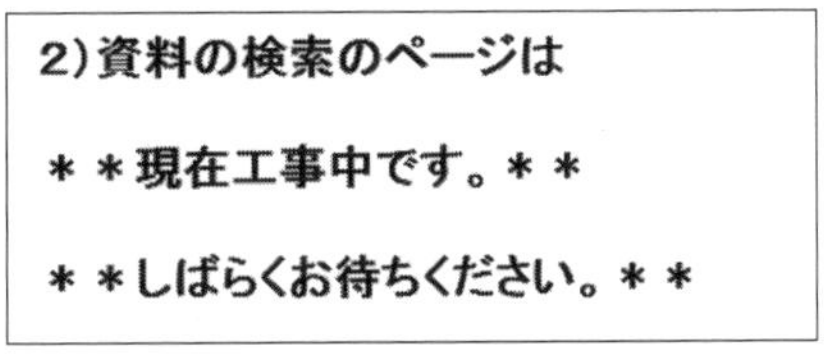

図4-4　例題3の実行例

elib02.html の例

```
<!DOCTYPE html>
<html>
<head>    <meta charset="UTF-8">
  <title>elib02.html</title>    </head>
<body>
  <h2>
   2）資料の検索のページは <br><br>
   ＊＊現在工事中です。＊＊ <br><br>
   ＊＊しばらくお待ちください。＊＊
  </h2>
</body>
</html>
```

4-4　例題4「利用案内」の各メニューの作成

　以下，順に実行例（図4-5～図4-8）と解答例を例示しますので，例題2からリンクされる各メニューを作成してください。ファイル名はelib21.html～elib25.htmlです。例と同じでなく，適当に書き換えていただいて結構です。第5講の演習がうまくいくように，できるだけ内容を増やして行数を多くしておいてください。なお，行頭を字下げ，文字列間を空けるには，全角スペースをその文字数だけ入力します。ただ，切りがないので，あまり体裁にこだわらなくても結構です。

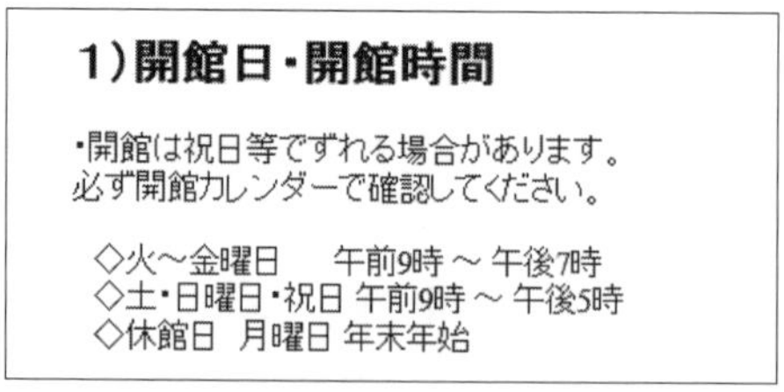

```
1）開館日・開館時間

・開館は祝日等でずれる場合があります。
必ず開館カレンダーで確認してください。

   ◇火～金曜日    午前9時 ～ 午後7時
   ◇土・日曜日・祝日 午前9時 ～ 午後5時
   ◇休館日  月曜日 年末年始
```

図4-5　elib21.html の実行例

4-4 例題4「利用案内」の各メニューの作成　35

elib21.html の例

```
<!DOCTYPE html>
<html>
<head>   <meta charset="UTF-8">
 <title>elib21.html</title>   </head>
<body>
 <h2> １）開館日・開館時間 </h2>
 <p>
  ・開館は祝日等でずれる場合があります。<br>
    必ず開館カレンダーで確認してください。<br><br>
  ◇火～金曜日　　　　午前9時～午後7時 <br>
  ◇土・日曜日・祝日　午前9時～午後5時 <br>
  ◇休館日　月曜日 年末年始
 </p>
</body>
</html>
```

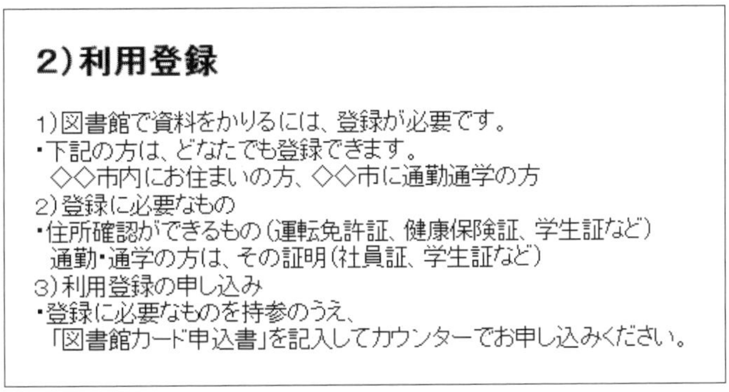

図4-6　elib22.html の実行例

elib22.html の例

```
<!DOCTYPE html>
<html>
<head>   <meta charset="UTF-8">
  <title>elib22.html</title>   </head>
<body>
```

```
<h2> 2）利用登録 </h2>
<p>
 1）図書館で資料をかりるには、登録が必要です。<br>
・下記の方は、どなたでも登録できます。<br>
◇◇市内にお住まいの方、◇◇市に通勤通学の方 <br>
 2）登録に必要なもの <br>
 ・住所確認ができるもの（運転免許証、健康保険証、学生証など）<br>
通勤・通学の方は、その証明（社員証、学生証など）<br>
 3）利用登録の申し込み <br>
 ・登録に必要なものを持参のうえ、<br>
「図書館カード申込書」を記入してカウンターでお申し込みください。<br>
</p>
</body>
</html>
```

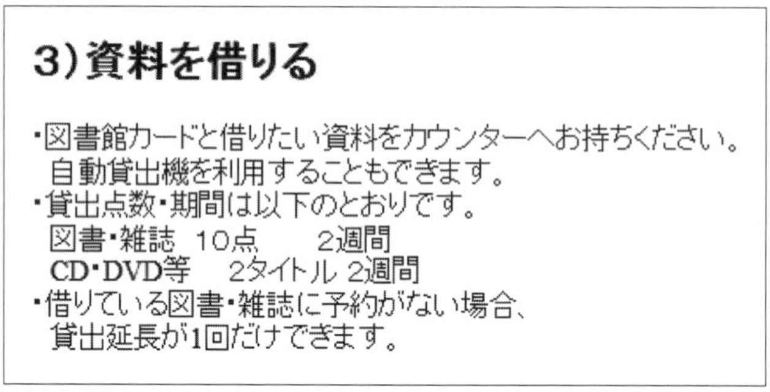

図4-7　elib23.html の実行例

elib23.html の例

```
<!DOCTYPE html>
<html>
<head>   <meta charset="UTF-8">
 <title>elib23.html</title>   </head>
<body>
 <h2> 3）資料を借りる </h2>
 <p>
・図書館カードと借りたい資料をカウンターへお持ちください。<br>
   自動貸出機を利用することもできます。<br>
・貸出点数・期間は以下のとおりです。<br>
```

```
  図書・雑誌  １０点    ２週間 <br>
  CD・DVD等   ２タイトル ２週間 <br>
・借りている図書・雑誌に予約がない場合、<br>
  貸出延長が１回だけできます。<br>
</p>
</body>
</html>
```

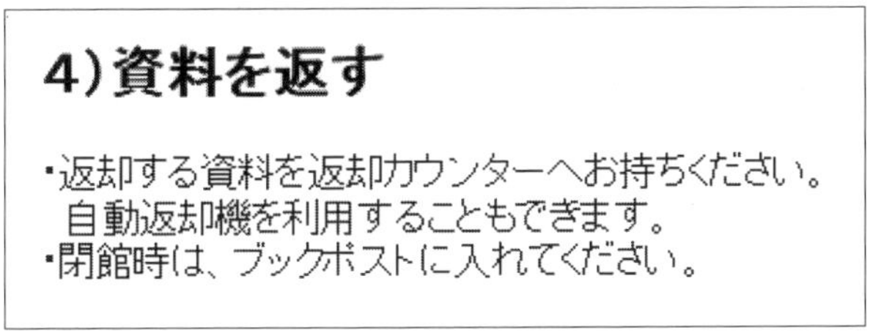

> 4）資料を返す
> ・返却する資料を返却カウンターへお持ちください。
>   自動返却機を利用することもできます。
> ・閉館時は、ブックポストに入れてください。

図 4-8　elib24.html の実行例

elib24.html の例

```
<!DOCTYPE html>
<html>
<head>   <meta charset="UTF-8">
  <title>elib24.html</title>   </head>
<body>
 <h2> 4）資料を返す </h2>
 <p>
・返却する資料を返却カウンターへお持ちください。<br>
  自動返却機を利用することもできます。<br>
・閉館時は、ブックポストに入れてください。<br>
 </p>
</body>
</html>
```

38　第4講　HTML入門3：基本的なリンク

図4-9　elib25.html の実行例

elib25.html の例

```
<!DOCTYPE html>
<html>
<head>    <meta charset="UTF-8">
 <title>elib25.html</title>    </head>
<body>
 <h2> 5）資料を探す </h2>
 <p>
・図書館内には資料検索システム（OPAC）があります。<br>
　インターネットからも検索できます。<br>
・資料が見つからない時や、OPAC の使い方がわからない時は、<br>
　カウンター職員におたずねください。<br>
　資料探しのお手伝いをいたします。<br>
 </p>
</body>
</html>
```

よくある誤りの例4

- なぜか1行空いてしまう
  - → </p> の後ろ（または <p> の前）に全角のスペースがありませんか。次が <p> の場合，1行スペースが空きます。疑問に思った時は，全角スペースがないか探してください。半角のスペースのつもりが，全角のスペースで入力していた，というようなことがよくあります。

第5講 HTML入門4：特定場所へのリンク

5.1 別の文書の特定場所への移動

Webページは，次のようなリンクによって，とても見やすいページを実現できます。
①別のHTML文書の特定場所にリンク（移動）する

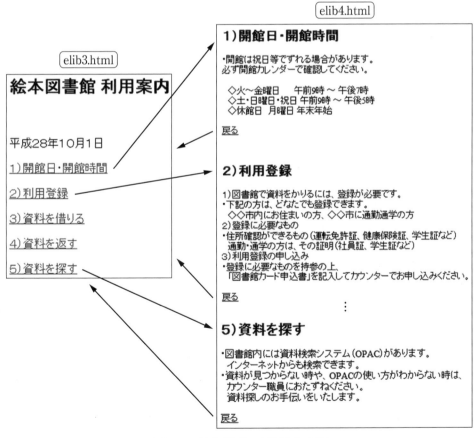

図5-1 特定場所への移動する例

②同一の HTML 文書内の特定場所に移動する

いずれも，<a> タグで実現できます．図 5-1 は，ある HTML 文書のページ（左に示します）から，メニューに応じて，表示画面が切り替わって，別の HTML 文書のページ（右に示します）の特定場所に移動するというものです．

これを実現するには，リンク元（elib3.html）では，次のように記述します．

  <a href="elib4.html#eref1"> 1）開館日・開館時間 </a>

リンク先（elib4.html）では，<h2> タグなどの id 属性を使って次のように移動先を指定します．id 属性は，このタグに固有の名前を付けて移動先を指定するもので，多くのタグで指定できますので，都合のよいタグで指定してください．

  <h2 id="eref1"> 1）開館日・開館時間 </h2>

リンク元の # の後に示す名前（eref1）と，リンク先の id 属性の値（eref1）を同じにして，対応付けます．

5.2 同一文書の特定場所への移動

図 5-2 は，同一の HTML 文書内で，冒頭のメニューを選んで，その内容のところに移動する例です．この図は，同一文書内での移動がわかるように，四つの画面例を 2 段に分けて表示したものです．

同じ HTML 文書内で移動先を示すには，リンク元で次のように記述します．ファイル名は書かずに，例えば，#eref1 と指定するだけです．

  <a href="#eref1"> 1）開館日・開館時間 </a>

リンク先では，<h2> タグなどの id 属性を使って移動先を次のように指定します．

  <h2 id="eref1"> 1）開館日・開館時間 </h2>

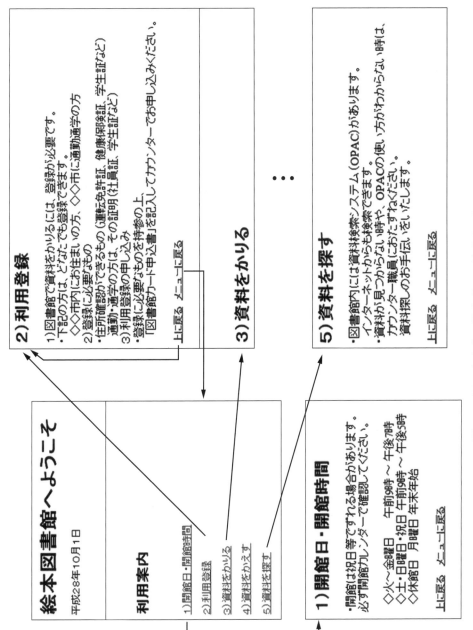

図 5-2　同一文書内の特定場所に移動する例

演習5 「利用案内」の作成2

5-1　例題1　別文書の特定場所に移動／リンク元の作成

　先ず，図5-1の左に示したようなリンク元のページを作成します。リンク元のファイル名を elib3.html とし，リンク先を elib4.html とします。elib4.html は例題2で作成します。
　elib3.html は，演習4-2の elib2.html を活用して作成します。テストは，例題2を作成してから行います。例題1だけであれば，リンク部分を除いてテストができます。

```
elib3.html の例
<!DOCTYPE html>
<html>
<head> <meta charset="UTF-8">
 <title>elib3.html</title> </head>
<body>
  <h2> 絵本図書館 利用案内 </h2>
   <p> 平成２８年１０月１日 </p>

  <p> <a href="elib4.html#eref1"> 1）開館日・開館時間 </a></p>
  <p> <a href="elib4.html#eref2"> 2）利用登録 </a></p>
  <p> <a href="elib4.html#eref3"> 3）資料を借りる </a></p>
  <p> <a href="elib4.html#eref4"> 4）資料を返す </a></p>
  <p> <a href="elib4.html#eref5"> 5）資料を探す </a></p>
</body>
</html>
```

5-2 例題 2 別文書の特定場所に移動／リンク先の作成

次に，図 5-1 の右に示したようなリンク先のページを作成します。ファイル名は elib4.html です。演習 4-4 の elib21.html〜elib25.html を活用して作成すると簡単です。解答例で，「（省略）」としているところは，省略せず作成してください。なお，演習 4-4 にはない「<a href="elib3.html"> 戻る </a>」を追加しています。テストは，例題 1 の elib3.html から行います。

elib4.html の例

```html
<!DOCTYPE html>
<html>
<head> <meta charset="UTF-8">
 <title>elib4.html</title> </head>
<body>
 <p><h2 id="eref1"><br> 1）開館日・開館時間 </h2></p>
 <p>　（省略）　</p><br>
 <p><a href="elib3.html"> 戻る </a></p>

 <p><h2 id="eref2"><br> 2）利用登録 </h2></p>
 <p>　（省略）　</p><br>
 <p><a href="elib3.html"> 戻る </a></p>

 <p><h2 id="eref3"><br> 3）資料を借りる </h2></p>
 <p>　（省略）　</p><br>
 <p><a href="elib3.html"> 戻る </a></p>

 <p><h2 id="eref4"><br> 4）資料を返す </h2></p>
 <p>　（省略）　</p><br>
 <p><a href="elib3.html"> 戻る </a></p>

 <p><h2 id="eref5"><br> 5）資料を探す </h2></p>
 <p>　（省略）　</p><br>
 <p><a href="elib3.html"> 戻る </a></p>

</body>
</html>
```

5-3 例題3 同一文書内の特定場所に移動

図5-2のように，同一のHTML文書（同じページ）内で移動するページを作成します。elib5.htmlとします。elib3.htmlとelib4.htmlを活用して作成すると簡単です。`<hr>`（horizontalの略）は水平線を引くタグです。このタグで，よりわかりやすいページを作成することができます。解答例で，「（省略）」としているところも，省略せず作成してください。

elib5.htmlの例

```
<!DOCTYPE html>
<html>
<head> <meta charset="UTF-8">
 <title>elib5.html</title> </head>
<body>
```
1 `<h1 id="eref0"><br> 絵本図書館へようこそ </h1>`
```
  <p> 平成２８年１０月１日 </p><br>
<hr><br>
<h2> 利用案内 </h2><br>
 <p> <a href="#eref1"> １）開館日・開館時間 </a></p>
 <p> <a href="#eref2"> ２）利用登録 </a></p>
 <p> <a href="#eref3"> ３）資料を借りる </a></p>
 <p> <a href="#eref4"> ４）資料を返す </a></p>
 <p> <a href="#eref5"> ５）資料を探す </a></p>
<hr><br>
```
2 `<p><h2 id="eref1"><br> １）開館日・開館時間 </h2></p>`
`  <p> （省略）   </p>`
3 `<h5> <a href="#eref1"> 上に戻る </a>`
4 `  <a href="#eref0"> メニューに戻る </a></h5>`
`<hr><br>`

`<p><h2 id="eref2"><br> ２）利用登録 </h2></p>`
`<p> （省略）   </p> <br>`
`<h5> <a href="#eref2"> 上に戻る </a>`

```
        <a href="#eref0"> メニューに戻る </a></h5>
    <hr><br>

    <p><h2 id="eref3"><br> 3）資料を借りる </h2></p>
    <p> （省略） </p><br>
    <h5> <a href="#eref3"> 上に戻る </a>
        <a href="#eref0"> メニューに戻る </a></h5>
    <hr><br>

    <p><h2 id="eref4"><br> 4）資料を返す </h2></p>
    <p> （省略） </p>
    <h5> <a href="#eref4"> 上に戻る </a>
        <a href="#eref0"> メニューに戻る </a></h5>
    <hr><br>

    <p><h2 id="eref5"><br> 5）資料を探す </h2></p>
    <p> （省略） </p>
    <h5> <a href="#eref5"> 上に戻る </a>
        <a href="#eref0"> メニューに戻る </a></h5>
    <hr><br>

</body>
</html>
```

解説

1　id="eref0"　「メニュー」に移動するために，その場所をid属性で指定します。

2　id="eref1"　「1）開館日・開館時間」に移動するために，id属性で指定します。

3　\<a href="#eref1"> 上に戻る </a>　「上に戻る」を記述します。これをクリックすると，2の行で表示される見出しまで上にスクロールされます。ただし，この見出し以降がすべて表示されている時はそのままです。

4　\<a href="#eref0"> メニューに戻る </a>　「メニューに戻る」を記述します。これをクリックすると1の行の見出し（「絵本図書館へようこそ」）から表示されます。

よくある誤りの例5

①リンクがうまくいかない（その1）
→ リンク元の#に続く名前と，リンク先のidの名前があっていない／リンク先のidの名前に#を付けている／ファイル名を間違えた／ファイルをテキストファイルで保存した，ということはありませんか．

②リンクがうまくいかない（その2）
→ 「href」の綴りを間違えた／「href=」の後に指定するリンク先を，「"」で括っていない／hrefの後ろに「=」がない／</a>タグがない，ということはありませんか．

③リンクがうまくいかない（その3）
→ リンク先のidの名前が重複している，ということはありませんか．

第2編

第6講　PHP入門1：PHPの基本-1
　演習6　　PHPの基本演習1

第7講　PHP入門2：PHPの基本-2
　演習7　　PHPの基本演習2

第8講　PHP入門3：パラメタの受け渡し
　演習8　　入力・送信と受信・処理

第6講 PHP入門1：
　　　　PHPの基本-1

6.1　PHPが必要

　データベースを検索するWebページを作りたいと思った場合，例えば，①検索したいキーワードを入力する画面，②データベースにアクセス・検索する処理，③その結果の表示，などが必要です。入力したキーワードでデータベースにアクセスし検索した結果は，そのキーワードに応じて変ります。

　キーワードの入力画面（のページ）は，HTMLで作成します。当然異なるキーワードも同じ画面で入力します。このようなページを「静的なWebページ」と言います。

　一方，入力されたキーワードに従って検索し，その結果に応じて作成されるWebページは変化します。このようなページを「動的なWebページ」と言います。この動的なWebページを作成するのに，プログラミング言語であるPHPなどが欠かせません。

　PHPは，動的なWebページを作成するのに適したプログラム言語です。図6-1のようにHTMLの内に，<?phpと?>で挟んで記述します。<?php……?>をHTMLの一種のタグという見方もできます。

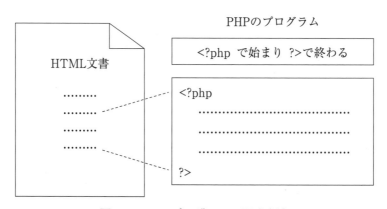

図6-1　PHPプログラムの記述方法

PHP プログラムを記述する <?php……?> 内には，HTML を直接記述することはできませんが，HTML のタグや要素内容などを，" で挟んで，echo（あるいは print）コマンドで記述することができます（コマンドとはプログラムを実行する命令です）。例えば，
　　　echo "<h1> 絵本図書館へようこそ </h1>";
も一つのコマンドです。PHP プログラムでこれを実行すると，HTML として，
　　　<h1> 絵本図書館へようこそ </h1>
が作成（出力）され，さらに，Web ブラウザで，「大見出し」で
　　　絵本図書館へようこそ
と表示されます。

6.2　PHP の特徴

　PHP は Hypertext Processor ですが，由来は Personal Home Page です。PHP のプログラムは，先程述べたように，HTML の中に <?php と ?> で挟んで記述します。つまり，HTML の中に埋め込んで PHP を記述するという特徴があります。

　PHP は，動的な Web ページを作成するためにさまざまな処理を行って，最終的には HTML を作成（出力）し，それを Web ブラウザで表示します。第 1 講では，PHP で，「ぐり」で検索した結果を HTML として作成し，Web ブラウザで表示した例を示しました。

　データベースの検索だけでなく，データベースの作成・更新・編集なども，PHP のプログラムからできます。

　PHP では，一つずつの処理手続きを「命令」（コマンド）や「○○文」などと呼びます。PHP は，このコマンドなどを一つずつ実行します。文法的な誤りがあって，例えば変数に初期値がセットされていないなどの誤りであれば「Notice」（警告）のメッセージが表示されますが，処理は続行されます。「Notice」メッセージ以外の時は，そこで実行が止まり，誤った個所と誤りの内容が表示されます。その箇所は，厳密には誤りの箇所ではなく処理が止まったところです。

　PHP は，コマンド等を一つずつ文法的なチェックをし，実行しますので，例えば，呼び出した方の HTML に誤りがあっても，リンク先の PHP プログラムの方でエラーとなることもあります。あるいは，同じ PHP 内の最初の方に誤りがあったとしても，誤りとして認識されるまでは実行されます。その実行が止まった箇所が示されます。必ずしもその箇所が誤りの原因とは限らない点に注意が必要です。

　なお，PHP は文法的なチェックをしながら実行するものなので，全体をあらかじめ

チェックし，文法的なエラーをすべて表示する訳ではありません。一方，HTML では，誤りがあっても表示できるものはすべて表示するだけで，例えば「リンク先のファイルがない」などを除いて，HTML に関するエラーメッセージは表示されません。

6.3 echo コマンド・変数

6.3.1 echo コマンド

HTML（タグ等）を作成（出力）する PHP コマンドの代表的なものに，echo コマンド（print コマンドも同じです）があります。簡単な例を表 6-1 に示します。左が，PHP のコマンド例です。真ん中が，それを実行して作成（出力）された HTML です。右は，Web ブラウザで表示したものです。以下同様です。

表 6-1　echo コマンドの例

PHP の例	出力された HTML	Web での表示
<?php 　echo "\<h2\>検索結果\</h2\>"; ?>	\<h2\>検索結果\</h2\>	**検索結果**

echo がコマンド名で，"（ダブルクォーテーション）で挟んだ文字列を表示するというコマンドです。各コマンドは ;（セミコロン）で終わります。これを PHP（というソフトウェア）で実行すると，真ん中の欄のように HTML が出力されます。これを Web ブラウザで表示すると，「中見出し」の「検索結果」が右の欄のように表示されます。

6.3.2 変数と演算

HTML と違って，PHP では変数を扱うことができます。変数名は $ で始まります。何も手続きはいりませんが，変数に値をセット（代入）しないと使えません。変数 $bangou に値（123）を代入するには，

　　　$bangou = 123;

と記述します。代入は，=（イクオール）を使います。終わりは，セミコロンです。このように，$ をつけて名称を決め，値を代入するだけで，この変数を使用できます。

変数は演算ができます。例えば，$bangou に 1 を足し，結果を $bangou に代入する演算は，

 $bangou = $bangou + 1;

となります。ただし，その前に，$bangou = 0; のように初期値を代入しておきます。初期値が設定されていない変数の演算は正しくありません。

6.3.3　再び echo コマンド

変数の値を表示する例を表 6-2 に示します。以下の説明では，<?php と ?> は省略します。$bangou の値を「123」とします。

表 6-2　変数の表示例

PHP の例	出力された HTML	Web での表示
echo $bangou;	123	123

文字列と変数を連続して表示する例を表 6-3 に示します。

表 6-3　文字列と変数の表示例

PHP の例	出力された HTML	Web での表示
echo "番号は：$bangou";	番号は：123	**番号は：123**

変数を「文字列」として表示するには，'（シングルクォーテーション，またはアポストロフィー。「Shift」を押しながら，「7」のキーを押します）で挟みます。また，echo コマンドでは，「,」（カンマ）を使って，連続して表示することもできます。これらの例を表 6-4 に示します。

表 6-4　「'」「,」を使った表示例

PHP の例	出力された HTML	Web での表示
echo '$bangou';	$bangou	**$bangou**
echo "変数の値は", $bangou;	変数の値は123	**変数の値は 123**
echo '$bangou',"の値は",$bangou;	$bangouの値は123	**$bangou の値は 123**

改行したい時は，表6-5のようにHTMLのタグ
をechoコマンドで表示します。このように，PHPは，HTMLの作成を「echoコマンドで出力する」方式で行います。

表 6-5 改行の例

PHPの例	出力されたHTML	Webでの表示
echo "始め"," ";　$bangou = 123; echo $bangou, " ";　$bangou = $bangou + 1; echo $bangou, " "; echo "終わり";	始め 123 124 終わり	始め 123 124 終わり
echo "<h2>$bangou</h2>";	<h2>123</h2>	**123**

PHP内では変数を使えますが，HTMLでは使用できません。例えば，表6-6の2行目は，変数の$bangouではなく，文字列の「$bangou」です。

表 6-6 HTMLでは単なる文字列

PHP外のHTMLの例	Webでの表示
<?php 　　$bangou = 123; ?> <h2>$bangou</h2>	$bangou

6.4 アルゴリズムの例-1

PHPでプログラミングする場合に不可欠なアルゴリズムの主なものについて，第7講を含めて，簡単に説明しておきます。アルゴリズムとは，プログラミングする際に不可欠な「処理手順」を定式化したものです。

6.4.1 順次処理

最も基本的なアルゴリズムは，図6-2の左のように，順に処理するものです。複数の処理も，まとまりごとに「処理」ということもあります。「『始め』を表示する」から「『終わり』を表示する」まで，一つずつ順に処理するPHPプログラムの例を真ん中に，Web

ブラウザでの表示を右に示します。（　）内は左の説明です。

順次処理	順次処理プログラムの例	Webでの表示	
↓ ［処理1］ ↓ ［処理2］ ↓	echo "始め"," "; $bangou = 123; echo $bangou, " "; $bangou = $bangou + 1; echo $bangou, " "; echo "終わり";	始め 123 124 終わり	（改行） （初期値の代入） （改行） （演算） （改行）

図6-2　順次処理

6.4.2　繰り返し処理

図6-3のような「繰り返し」処理は，条件を満たした場合（「真」の場合）はその処理を繰り返し，満たさない場合（「偽」の場合）は，次の処理に移るというアルゴリズムです。繰り返しは，PHPプログラムではwhile文を使います。コマンドではない，このような条件等の場合，「○○文」と言いますが，;（セミコロン）はつきません。while文の記述方法は次のとおりです。

　　while（条件）{処理}

「条件」は小かっこの（と）で挟みます。「処理」は，中かっこの{と}で挟みます。各々の処理の中に，さらに「繰り返し」を記述することもできます。処理内のコマンドは;（セミコロン）で終わります（処理の数だけあります）。

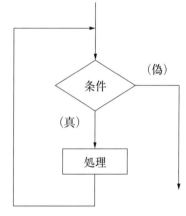

図6-3　繰り返し処理

6.4.3　条件に使用できる演算子

条件として，次の演算子が使用できます。a，bは変数などです。

表 6-7　演算子

比較演算子	意　　味	論理演算子	意　　味
a < b	より少ない	a AND b	論理積。and も可
a > b	より多い	a OR b	論理和。or も可
a <= b	同じか より少ない		
a >= b	同じか より多い		
a == b	等しい（= を二つ）		
a <> b	等しくない		

6.5　PHPの作成手順等

6.5.1　HTML 文書や PHP プログラムの作成場所

　PHP プログラムは，今後作成する HTML 文書や画像も含めてすべて，フォルダー home535 に作成します。この home535 は，XAMPP の htdocs の中にあらかじめ作成しています。演習に必要な画像，CSS 関係，MySQL へのアクセス手順などのファイルが入っています。

　「home535」のファイル名は適宜変えてください。授業等であれば，「535」を学籍番号の下 3 桁に変えるのもよいかと思います。以下では，「home535」で説明します。

6.5.2　PHP プログラムもメモ帳で作成

　PHP プログラムもメモ帳で作成します。新規に作成する方法は，HTML 文書と同様です。ただ，拡張子を php とするだけです。XAMPP の htdocs の home535 の中に，「すべてのファイル」を選んで，例えば，ealgo11.php　という名前で，文字コードを「UTF-8」として保存します。

　PHP ファイルの 3 通りの開き方を表 6-8 に示します。

表 6-8　PHP ファイルの開き方

1	スタートメニュー⇒すべてのプログラム⇒アクセサリ⇒「メモ帳」⇒開く⇒ XAMPP ⇒ htdocs ⇒ home535 を開く⇒「テキスト文書」を「すべてのファイル」に変え，「開きたいファイル」を開く
2	1) スタート⇒すべてのプログラム⇒アクセサリ⇒「メモ帳」⇒開く 2) コンピュータ⇒ XAMPP ⇒ htdocs ⇒ home535 を開く⇒「開きたいファイル」で，マウスの左ボタンを押したまま，メモ帳の中まで移動して，左ボタンから手を離す
3	1)「プログラムから開く」ができる場合 　　コンピュータ⇒ XAMPP ⇒ htdocs ⇒ home535 ⇒「開きたいファイル」を右クリックして「プログラムから開く」⇒「メモ帳」をクリック 2)「プログラムから開く」ができない場合，以下の操作をします（※） 　　a) コンピュータ⇒ XAMPP ⇒ htdocs ⇒ home535 を開く⇒「開きたいファイル」で右クリックして，「開く」をクリック⇒「インストールされた……」をクリック⇒「OK」をクリック 　　b)「メモ帳」があれば，「メモ帳」をクリック⇒「OK」をクリック。この時，「この種類のファイルを開くときは，選択したプログラムをいつも使う」をチェックする。「メモ帳」がない時は，「ほかのプログラム」をクリックして，「メモ帳」を探して，「メモ帳」をクリック　⇒　「OK」をクリック 　　※自宅のパソコンでは，一度だけこの操作を行います。大学等の共用パソコンでは毎回この操作が必要になります。この操作後は，1) の操作で PHP ファイルを開くことができます

6.6　全角スペース

　今後一番戸惑うのは，全角スペースの誤入力です。全角スペースは文字列の一つです。区切り記号としての半角スペースのつもりで全角スペースを入力すると，（半角スペースとしての）区切り記号とは見なされず，後ろの変数等のところで処理がとまって，その変数等がエラーとして表示されます。全角スペースの前後に半角スペースがあっても，前の行の ; の後ろでも同様です。

　特に，PHP では，コマンド名や変数などの前後に全角のスペースがあっても，その変数がエラーと表示されるだけで，全角スペースがあるとは指摘されませんので，変数だけみていると誤りだとはなかなか気づきません。「誤りがないのだが……」と思った時は，

メモ帳の「編集」機能で「全角スペース」がないか検索してみてください。

例えば，次のようなメッセージでは，$bangou に誤りがあるとの指摘ですが，実際のプログラムの 10 行目は，

   $bangou = 123;

で，$ の前に全角スペースがあるものとします。

Parse error: syntax error, unexpected '$bangou' (T_VARIABLE)
 in F:\xampp\htdocs\home028\ealgo11.php on line 10

---

10 行目を見ただけでは，とても誤りがあるとは思えません。結論を言えば，この変数の前に半角スペースではなく，全角スペースがあったために，「$bangou」がエラーとして表示されたものです。

6.7 Web サーバ環境と演習の準備

PHP で作成されたプログラムを実行するには，Web サーバ環境が必要です。また，PHP（のソフトウェア），データベースの MySQL も必要になります。これらを含む Web サーバ環境を実現できるソフトウェアに XAMPP（ザンプ）があります。これはオープンソースで，フリーで公開されていますので，容易に Web サーバ環境を用意できます。

演習用の Web サーバ環境として，XAMPP にデータベース ehondb を追加した ehondbonXAMPP を本書の発行元である樹村房の Web サイトに，フリーで公開しています。付録 1 に従って USB メモリにインストールするだけで，誰にも迷惑をかけない個人的な Web サーバ環境を用意できます。なお，インストール後の名称は「xampp」です。USB メモリは持ち運びでき，どのパソコンでも利用できますので，授業でだけでなく自宅での自習等にも活用できます。

6.7.1 Web サーバへのアクセス

Web サーバである XAMPP を立ち上げたうえで，IE のアドレス欄に，例えば
  http://localhost/home535/ealgo1.html
のように URL を入力してアクセスします。基本的には，インターネット上の Web サイトにアクセスする手法と全く同じです。IE とは Internet Explorer（Web ブラウザ）です。アクセス先のホスト名は，USB メモリのホスト名である「localhost」です。

テスト時，毎回このように URL を入力するのは面倒です。テストのための URL リストを Excel で作成して，それをクリックしてアクセスするようにしておくと便利です。USB メモリのどこに作成しても，名前は何でも構いません。必要に応じて，追加してください。

6.7.2　XAMPP の立ち上げ

① XAMPP をダブルクリックして，表示されたファイル名のリストを下の方にスクロールしていくと，「xampp_start.exe」がありますので，これをダブルクリックすると，XAMPP が立ち上がります
② 図 6-4 のように表示されれば即利用可能です。「最小化」し，パソコン画面の下に，XAMPP マークが表示されたままにしておきます。この表示でない時は，エラーですので，付録 2 を参照して対応してください
③ XAMPP を終了する時は，「xampp_start.exe」の次にある「xampp_stop.exe」を実行します。XAMPP マークが一度二つになり，その後二つとも消えたら終了です

```
XAMPP now starts as a console application.

Instead of pressing Control-C in this console window, please use xampp_stop.exe to stop XAMPP, because it lets XAMPP end any current transactions and cleanup gracefully.
```

図 6-4　XAMPP の開始メッセージ

演習6　PHPの基本演習1

6-1　例題1 演習メニューの作成

　図 6-5 の左のような「アルゴリズムの例題」を HTML 文書で作成します。ファイル名を ealgo1.html とします。各メニューを ealgo11.php～ealgo16.php とします。以下では，実行例，解答例，解説などの順に記載します。実行例の右欄は，左をクリックした時のリンク先を参考的に示したものです。ealgo11.php は例題 2 で，ealgo12.php は例題 3 で作成します。ealgo13.php～ealgo16.php は第 7 講の演習で作成します。**http://localhost/home535/ealgo11.html** にアクセスしてテストします。

アルゴリズムの例題	リンク先
1)アルゴリズム1　変数	ealgo11.php
2)アルゴリズム2　繰り返し	ealgo12.php
3)アルゴリズム3　if文1	ealgo13.php
4)アルゴリズム4　if文2	ealgo14.php
5)アルゴリズム5　Switch	ealgo15.php
6)アルゴリズム6　文字列	ealgo16.php

図 6-5　例題 1 の実行例

ealgo1.html の例
```
<!DOCTYPE html>
<html>
<head> <meta charset="UTF-8">
 <title>ealgo1.html</title> </head>
```

```
    <body>
    <h2> アルゴリズムの例題 </h2>
1    <p><a href="ealgo11.php"> 1）アルゴリズム 1  変数 </a></p>
2    <p><a href="ealgo12.php"> 2）アルゴリズム 2  繰り返し </a></p>
3    <p><a href="ealgo13.php"> 3）アルゴリズム 3  if 文 1 </a></p>
4    <p><a href="ealgo14.php"> 4）アルゴリズム 4  if 文 2 </a></p>
5    <p><a href="ealgo15.php"> 5）アルゴリズム 5  switch</a></p>
6    <p><a href="ealgo16.php"> 6）アルゴリズム 6  文字列 </a></p>
    </body>
    </html>
```

解説

1-6　<a> タグのリンク先は，ealgo11.php～ealgo16.php です。このように，HTML 文書だけでなく，PHP プログラムにもリンクを張ることができます。

6-2　例題 2「1）アルゴリズム 1 変数」の作成

例題 1 の「演習メニュー」の 1 番目の「アルゴリズム 1 変数」として，図 6-2 の「順次処理」例を PHP プログラムで作成します。図 6-6 が実行例です。ファイル名は ealgo11.php です。**http://localhost/home535/ealgo1.html** にアクセスし，1 番目をクリックしてテストします。

ealgo11.php の例
```
    <!DOCTYPE html>
    <html>
    <head>   <meta charset="UTF-8">
     <title>ealgo11.php</title>   </head>
    <body>
1   <h2> アルゴリズム 1 変数 </h2> <br>
2   <?php
3    $bangou = 123;
4    echo "1）",$bangou,"<br>";
5    $bangou = $bangou + 1;
```

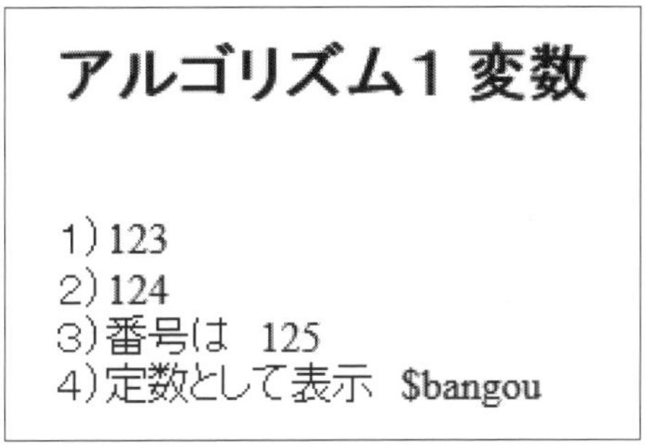

アルゴリズム1 変数

1）123
2）124
3）番号は　125
4）定数として表示　$bangou

図 6-6　例題 2 の実行例

```
 6  echo "2）",$bangou,"<br>";
 7  $bangou = $bangou + 1;
 8  echo "3）番号は　$bangou","<br>";
 9  $bangou = $bangou + 1;
10  echo "4）定数として表示　",'$bangou',"<br>";
11 ?>
   </body>
   </html>
```

解説

1 HTMLのタグで，「中見出し」で表示します。HTMLは <?php……?> の外に記述します。
2 PHPの開始です。
3 変数 $bangou に「123」を代入します。
4 変数 $bangou の値を，「1)」に続けて表示し，改行します。echo コマンドで
 を出力し，Webブラウザで表示することで実現します。
5 変数 $bangou に「1」を足します。
6 変数 $bangou の値を，「2)」に続けて表示し，改行します。
7 変数 $bangou に「1」を足します。
8 変数 $bangou の値を，「3) 番号は」に続けて表示し，改行します。
9 変数 $bangou に「1」を足します。
10 「4) 定数として表示」に続けて「$bangou」を文字列として表示し，改行します。
11 PHPの終わりです。

■ PHPのソースの表示

　図6-6が表示された状態で，右クリックし，「ソースを表示」すると，PHPから出力されたHTML文書が図6-7のように表示されます。ealgo11.phpのプログラム自体は表示されません。

図 6-7 ソースの表示例

6-3 例題3「2）アルゴリズム2 繰り返し」の作成

例題1の2番目の「アルゴリズム2 繰り返し」として，図6-3の「繰り返し処理」例を作成します。図6-8が実行例です。ファイル名はealgo12.phpです。**http://localhost/home535/ealgo1.html** にアクセスし，2番目のメニューリストをクリックしてテストします。

ealgo12.php の例

```
   <!DOCTYPE html>
   <html>
   <head>    <meta charset="UTF-8">
     <title>ealgo12.php</title>    </head>
   <body>
    <h2> アルゴリズム2 繰り返し </h2> <br> <br>
   <?php
1   $n = 1;
2   while ($n <= 8)
3      { echo $n,"<br>"; $n = $n + 1; }
   ?>
4   <p> 無事終了 </p>
   </body>
   </html>
```

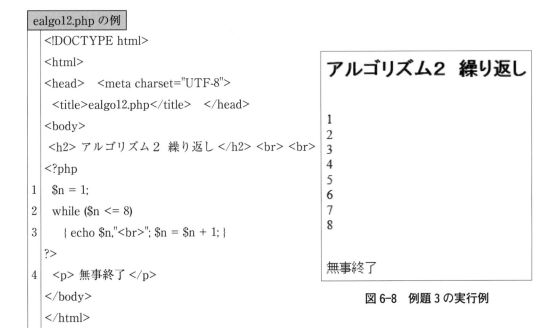

図 6-8 例題3の実行例

> **解説**
>
> 1 変数 $n に初期値「1」を代入します。
> 2 $n が 8 以下である限り，次の｛｝内の処理を続けます。8 を超えたら終わります。条件は（）内に記述します。
> 3 ｛｝内で $n に 1 を足します。8 回目に $n が 9 になりますので，2 の行の条件が，「偽」となります。そこで，｛｝内の処理はせずに終わります。
> 4 繰り返しの処理が終わりましたので，「無事終了」を，HTML で表示します。

■ HTML 文書や PHP のプログラムを修正しても，反映されない時

アクセス先が前回と同じ場合，HTML 文書や PHP プログラムを修正しても結果が即反映されないことが多々あります。キャッシュメモリのものが表示されるからです。

図 6-9 の右端の更新ボタンをクリックするか，ファンクションキーの「F5」をクリックします。それでも，変化がなければ，「Ctrl」キーを押しながら，「F5」をクリックします。パラメタを入力するものであれば，入力内容を変えます。後はパソコンを変えるとうまくいきます。

図 6-9　更新ボタン（右端）

 よくある誤りの例 6

① リンク先の処理が実行されない
　→ XAMPP を立ち上げていますか。/ealgo1.html を Web ブラウザで開いていませんか，あるいはダブルクリックしていませんか。

② Notice: Undefined variable: bangou in G:¥xampp¥htdocs¥home535¥ealgo11.php on line 11（警告メッセージ。ealgo11.php の 11 行目の，$bangou が定義されていない）。警告ですので処理が続行されます。
　→ 例えば，$bango = 123; echo $bangou; のように，変数名が違っていませんか。どちらかに統一してください。

③ Parse error: syntax error, unexpected '2)' (T_STRING), expecting ',' or ';' in G:¥xampp¥htdocs¥home535¥ealgo11.php on line 13（ealgo11.php の 13 行目の，

2）が文法的なエラー）処理はここで止まります

→ 例えば，下の例では，11行目の「;」の前に「"」がないことがエラーの原因です。「"
」の後にある，13行目の「"2）」の「"」までが「まとまり」と解釈され，その後の，「2）」がエラーと表示されています。こちらにエラーはありません。

11行目	echo " 1)",$bangou," ;
12行目	$bangou = $bangou + 1;
13行目	echo " 2)",$bangou," ";

④Parse error: syntax error, unexpected end of file, ……in G:¥xampp¥htdocs¥home535¥ealgo11.php on line 20 （ealgo11.phpの20行目，つまり最後の行が文法的なエラー）

→ 例えば，下の例では，17行目の「;」の前に「"」がないことがエラーの原因です。「"
」の後には全く「"」がないので，最後の行でエラーと表示されています。

17行目	echo " 4)定数として表示　",'$bangou'," ;
18行目	?>
19行目	</body>
20行目	</html>

⑤Parse error: syntax error, unexpected 'echo' (T_echo), expecting ',' or ';' in G:¥xampp¥htdocs¥test¥ealgo11.php on line 12 （ealgo11.phpの12行目の，echoに文法的なエラー）

→ 例えば，下の例では，11行目の最後に「;」がないのがエラーの原因です。次行の冒頭の「echo」がエラーと表示されています。こちらにエラーはありません。

11行目	echo " 1)",$bangou," "
12行目	echo '$bangou';

第7講　PHP入門2：PHPの基本-2

7.1　アルゴリズムの例-2

7.1.1　条件と分岐処理

図7-1は，条件を満たした場合（「真」の場合）は処理1を実行し，満たさない場合（「偽」の場合）は，elseに続けて記述する処理2を実行するというアルゴリズムです。条件と分岐は，PHPではif文を使います。if文の記述方法は次のとおりです。

　　　if　（条件）　｛　処理1　｝
　　　　　else　　｛　処理2　｝

処理1，処理2は，中かっこの ｛ と ｝ で挟みます。処理1，処理2内の各々のコマンドは ;（セミコロン）で終わります。

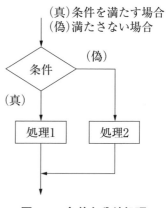

図7-1　条件と分岐処理

7.1.2　複数の分岐

図7-2のように条件分岐を連続して複数組み合わせることも可能です。この場合も，同じif文を使いますが，記述方法は次のとおりです。

　　　if（条件1）｛処理1｝
　　　　else　｛ if（条件）｛処理2｝
　　　　　　else　｛if（条件）｛処理3｝
　　　　　　　　else ｛処理4｝
　　　　　　　｝　｝

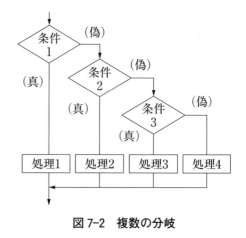

図7-2　複数の分岐

7.1.3 条件と多分岐処理

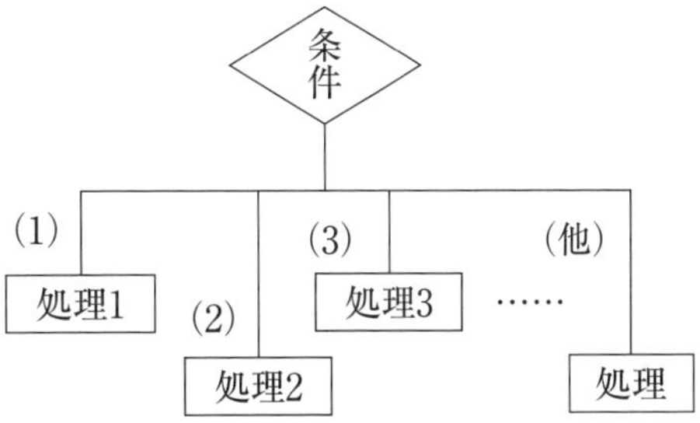

複数の条件分岐が多いと，どうしてもわかりにくいプログラムになります。また，誤りも多くなります。図 7-3 のように条件とその値によって多分岐する方法を採用すると，処理内容がわかりやすく，プログラミングも容易です。多分岐処理は，switch 文を使います。swich 文の記述方法は次のとおりです。

図 7-3　多分岐処理

```
switch（条件）{
    case 値 1: 処理 1 break ;
    case 値 2: 処理 2 break ;
    case 値 3: 処理 3 break ;
    ……………………………
    default:  処理  }
```

処理全体を｛と｝でくくり，その中に，条件の値に応じた処理を記述します。各々は，case で始まり，break;（セミコロン）で終わります。値と処理の間に，:（コロン）を挟みます。case の後ろに半角スペースが不可欠です。最後の default は「その他」ですので，「break;」はありません。「break」は処理を「中断する」という命令です。

7.2　関数

PHP（のソフトウェア）には，さまざまな関数が用意されています。使用するにあたって，何かをする必要はありません。関数は値を返しますが，その「値」を「返り値」（または「戻り値」）と言います。返り値が複数の時は，配列で返します。関数に渡す値を，「引数」と呼びますが，引数を省略できる関数もあります。ここでは，演習で使用する関数のみを表 7-1 に例示します。他の関数については，市販の教科書やインターネット等で調べてください。

表 7-1　関数の例

関　数	説　明
mt_rand(a,b)	指定した a と b の間の値を乱数で返します。a b は引数です
	例：$seiseki = mt_rand(50,70)； 　　50 と 70 の間の数を乱数として返し，それを $seiseki に代入します
date("y/m/d")	年/月/日の形式で，今日の日付を返します
	例：$date = date("y/m/d")； 　　今日が 2016 年 1 月 31 日だと 16/01/31 を返し，$date に代入します
substr(m,a,b)	文字列 m の a 番目から b 文字を返します。文字列の先頭は 0 です
	例：$nen = substr($date,0,2)；　上の例では，16 を返し，$nen に代入します
str_replace(a,b,m)	文字列 m の中の a を b に変えたものを返します
	例：$num0 = "0"; $num1="1"; $moji1="0101"; 　　$moji2 = str_replace($num0,$num1,$moji1); 　　⇒　$moji2 は 1111 となります
strpos(m,a)	文字列 m の中 a の位置を返します。文字列の先頭は 0 です
	例：$num1="1"; $moji1="01234567890"; 　　$pos = strpos($moji1,$num1); 　　⇒　$pos は 1 です

7.3　文字列の結合

文字列を結合するには，図 7-4 のように，「.」（ピリオド）を使います。

```
$date = "16";
$nen  = "20". $date ."年";
  ⇒  $nen は 2016 年となります。
```

図 7-4　文字列の結合

7.4 エスケープ処理について

　PHP プログラムでは，echo（あるいは print）コマンドで，入力されたものをそのまま表示すると，入力された不正な HTML や JavaScript などが実行される恐れがあります。

　例えば，演習 8-6 では，

　　　　$kword = $_POST['kword'];

と，入力された文字列を取り出し，即変数に代入しています。この変数を echo $kword; とすると一般的には危険なので，htmlspecialchars 関数を使って，エスケープ処理をします。

　　　　$kword = htmlspecialchars($_POST['kword']);

としたうえで，echo $kword; とすると，入力したものが単なる文字列として表示され，危険が回避できます。

　本書では，この類の処理は省略しています。当然，実用システムでは必須となりますので記憶に留めておいてください。

演習 7　PHP の基本演習 2

7-1　例題 1「3）アルゴリズム 3 if 文 1」の作成

前講の例題 1 の 3 番目の「アルゴリズム 3 if 文 1」として，図 7-1 の「条件と分岐処理」例を作成します。図 7-5 が実行例です。ファイル名は ealgo13.php です。http://localhost/home535/ealgo1.html にアクセスし，3 番目のメニューリストをクリックしてテストします。

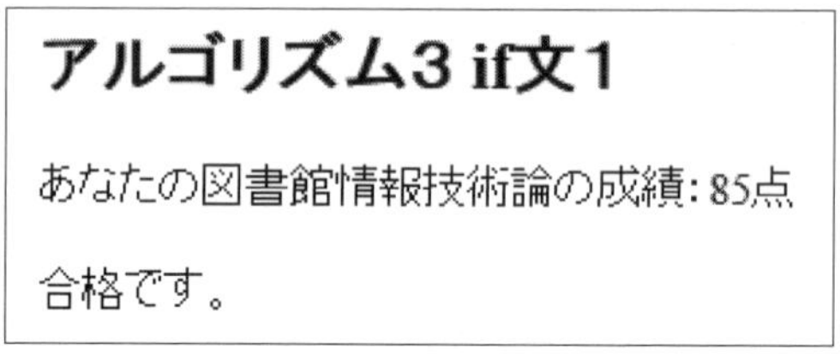

> **アルゴリズム3 if文1**
>
> あなたの図書館情報技術論の成績：85点
> 合格です。

図 7-5　例題 1 の実行例

ealgo13.php の例

```
  <!DOCTYPE html>
  <html>
  <head>   <meta charset="UTF-8">
    <title>ealgo13.php</title>   </head>
  <body>
   <h2> アルゴリズム 3　if 文 1 </h2> <br> <br>
  <?php
1  $seiseki = mt_rand(50,70);
2  echo " あなたの図書館情報技術論の成績：",$seiseki," 点 <br><br>";
3  if ( $seiseki >=60 )
```

```
4        { echo " 合格です。"; }
5      else { echo " 不合格です。"; }
   ?>
   </body>
   </html>
```

> **解説**
>
> 1 変数 $seiseki に mt_rand 関数で作成された 50〜70 の間の乱数を代入します。この引数の値を変えることで，確率的に，合格が増えるようにも，減らすようにもできます。随時変えてテストしてみてください。
>
> 2 変数 $seiseki を「あなたの図書館情報技術論の成績：」と「点」で挟んで，表示し改行（さらに改行）します。文字列，改行数は適当に変えてみてください。
>
> 3 $seiseki の値が 60 以上の場合，最初の｛｝内の処理を行います。それ以外の時は，その次の｛｝内の処理を行います。
>
> 4 3 の行の（ ）内の条件が「真」の時，｛｝内の処理を行い，「合格です。」を表示します。
>
> 5 3 の行の（ ）内の条件が「偽」の時，｛｝内の処理を行い，「不合格です。」を表示します。

7-2 例題2「(4) アルゴリズム4 if文2」の作成

前講の例題1の4番目の「アルゴリズム4 if文2」として，図7-2の「複数の分岐」例を作成します。図7-6が実行例です。ファイル名は ealgo14.php です。**http://localhost/home535/ealgo1.html** にアクセスし，4番目のメニューリストをクリックしてテストします。

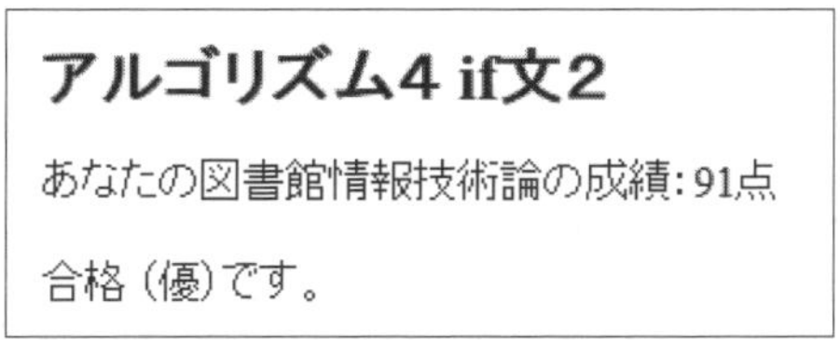

> **アルゴリズム4 if文2**
>
> あなたの図書館情報技術論の成績：91点
> 合格（優）です。

図7-6 例題2の実行例

ealgo14.php の例

```
<!DOCTYPE html>
<html>
<head> <meta charset="UTF-8">
 <title>ealgo14.php</title> </head>
<body>
<h2> アルゴリズム4  if文2 </h2> <br>
<?php
 $seiseki = mt_rand(50,100);
 echo " あなたの図書館情報技術論の成績：",$seiseki," 点 <br><br>";
1   if ( $seiseki>=80 ) { echo " 合格（優）です。"; }
2     else { if ( $seiseki>=70 ) { echo " 合格（良）です。"; }
3         else { if ( $seiseki>=60 ) { echo " 合格（可）です。"; }
4             else { echo " 不合格です。"; }
5           }
6       }
?>
</body>
</html>
```

解説

1 変数 $seiseki が 80 以上であれば，続く｛｝内の処理をします。
2 そうでない場合に，70 以上であれば，続く｛｝内の処理をします。
3 そうでない場合に，60 以上であれば，続く｛｝内の処理をします。
4 そうでない場合，else に続く｛｝内の処理を行います。
5 3 の行の else に続く｛と対になる｝です。
6 2 の行の else に続く｛と対になる｝です。

7-3　例題 3「5）アルゴリズム 5 switch」の作成

前講の例題 1 の 5 番目の「アルゴリズム 5 switch」として，図 7-3 の「多分岐処理」例を作成します。図 7-7 が実行例です。ファイル名は ealgo15.php です。http://localhost/home535/ealgo1.html にアクセスし，5 番目のメニューリストをクリックして

7-4 例題4「6）アルゴリズム6 文字列」の作成

テストします。

```
アルゴリズム5 switch
大吉
```

図7-7 例題3の実行例

ealgo15.php の例
```
  <!DOCTYPE html>
  <html>
  <head> <meta charset="UTF-8">
   <title>ealgo15.php</title> </head>
  <body>
   <h2> アルゴリズム5　switch </h2> <br> <br>
  <?php
    $omikuji = mt_rand(1,6);
1   switch($omikuji) {
2    case 1: echo " 大吉 "; break ;
3    case 2: echo " 中吉 "; break ;
4    case 3: echo " 小吉 "; break ;
5    case 4: echo " 吉 "; break ;
6    case 5: echo " 凶 "; break ;
7    default: echo " 大凶 "; }
  ?>
  </body>
  </html>
```

解説

1　変数 $omikuji の値に従って，｛ ｝内の処理を（7 の行まで）行います。

2-6　$omikuji の値が「1」の時，「:」と break; 間の処理を行います。以下同様です。case の後ろに必ず半角スペースを挟みます。

7　その他の値の時，「:」と「｝」の間の処理を行います。ここには，break; は記述しません。

7-4　例題4「6）アルゴリズム6 文字列」の作成

前講の例題1の6番目の「アルゴリズム6 文字列」として，関数を使った文字例の処理例を作成します。図7-8が実行例です。ealgo16.php とします。http://localhost/home535/

ealgo1.html にアクセスし，6番目のメニューリストをクリックしてテストします。

ealgo16.php の例

```
<!DOCTYPE html>
<html>
<head>
<meta charset="UTF-8">
<title>ealgo16.php</title>
</head>
<body>
 <h2> アルゴリズム6　文字列 </h2> <br>
<?php
1  $date = date("y/m/d");
   echo "date 関数の結果：",$date,"<br><br>";
2  $date1 = "20".substr($date,0,2) ." 年 "
3         .substr($date,3,2) ." 月 "
4         .substr($date,6,2) ." 日 ";
   echo " 年月日で表示   ：",$date1;
?>
</body>
</html>
```

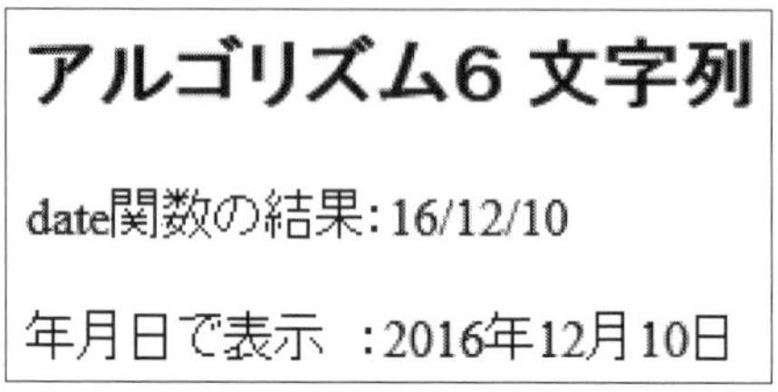

アルゴリズム6　文字列

date関数の結果：16/12/10

年月日で表示　：2016年12月10日

図 7-8　例題4の実行例

解説

1　変数 $date に date 関数を使って，今日の日付を年/月/日の形式で代入します。今日が「2016 年 12 月 10 日」の場合，「16/12/10」となります。

2-4　変数 $date1 に，「20」「年」「月」「日」を追加し代入します。
文字列の連結は，ピリオドを使います。substr(m,a,b) は，文字列 m の a 番目から，b 文字取り出す関数です。a のカウントは 0 からはじまります。
substr($date,0,2) は「16」，substr($date,3,2) は「12」，substr($date,6,2) は「10」です。→　$date1 は「2016 年 12 月 10 日」となります。

よくある誤りの例7

①Parse error: syntax error, unexpected 'else' (T_ELSE) in G:¥xampp¥htdocs¥home535¥ealgo13.php on line 14（ealgo13.php の 14 行目の else が文法的なエラー）

　　→　例えば，下の例では，13 行目の最後に「}」がないことが誤りの原因です。

12 行目	if ($seiseki>=60)
13 行目	{ echo "合格です。";echo " 1)",$bangou," "
14 行目	else { echo "不合格です。"; }

②Parse error: syntax error, unexpected end of file in G:¥xampp¥htdocs¥home535¥ealgo13.php on line 20（ealgo13.php の 20 行目，つまり最後の行で文法的なエラー）

　　→　例えば，下の例では，14 行目に「}」がないことが誤りの原因です。

14 行目	else { echo "不合格です。";

第8講 PHP入門3：パラメタの受け渡し

8.1 入力画面は HTML で作成

　図 8-1 の画面例のように，「テストしたい番号」を入力して，リンク先にこの番号をパラメタとして受け渡すことができます。パラメタの受け渡しを行う場合，パラメタの入力画面は HTML で作成します。入力画面で入力したパラメタを受け取るのは PHP プログラムです。PHP プログラムでは，受け取ったパラメタに応じた処理を行います。

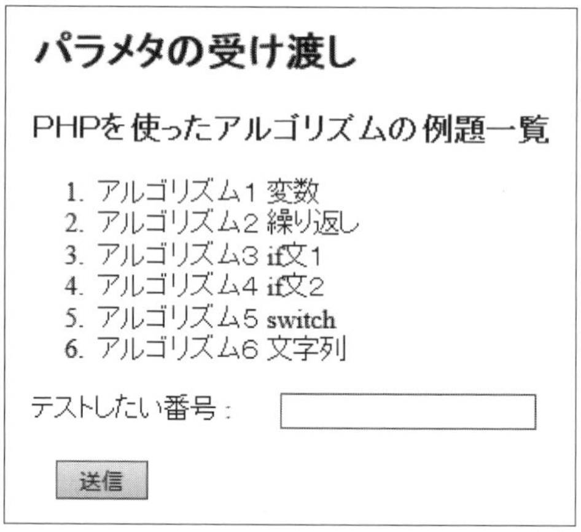

```
パラメタの受け渡し

PHPを使ったアルゴリズムの例題一覧

  1. アルゴリズム1 変数
  2. アルゴリズム2 繰り返し
  3. アルゴリズム3 if文1
  4. アルゴリズム4 if文2
  5. アルゴリズム5 switch
  6. アルゴリズム6 文字列

テストしたい番号：　［　　　　　　］

［送信］
```

図 8-1　パラメタの入力

8.2 パラメタの受け渡し

　入力フォーマットの指示とパラメタの受け渡しの中心となるタグは，<form></form>タグ，<input> タグです。<input> タグには「入力」と「送信」があります。パラメタの受け取りは，後述する配列変数である $_POST（または $_GET）を使って行います。

8.2.1 <form></form> タグ

例：<form method="post" action="ealgo20.php">……</form>

入力フォーマットを定義するタグです。開始タグが <form> で，終了タグが </form> です。<form> タグの属性として，method と action などがあります。method 属性はパラメタの送信方法（post メソッドまたは get メソッド）を，action 属性はリンク先の PHP プログラムのファイル名を指定するものです。

8.2.2 <input> タグ（入力）

例：<input type="text" name="knum">

入力欄を定義します。type 属性で，ここでは「text」を指定します。また，name 属性で入力欄の「名前」を指定します。入力欄の数だけ <input> タグを指定できます。この「名前」でパラメタが受け渡しされます。

8.2.3 <input> タグ（送信）

例：<input type="submit" value=" 送信 ">

type 属性で「submit」と指定して「送信」を設定します。value 属性で「送信ボタン」の表示を「送信」とします。これをクリックすることによって処理がリンク先に移り，入力されたパラメタを渡すことができます。

8.2.4 入力フォーマットの作成例

図 8-1 に対応する入力フォーマットの作成例と解説を示します。

送信元での <form></form> タグの例
1 | `<form method="post" action="ealgo20.php">`
2 | テストしたい番号：
3 | `<input type="text" name="knum">   `
4 | `<input type="submit" value=" 送信 ">`
5 | `</form>`

解説

1　<form> タグの開始です。method 属性でパラメタの送信メソッドを指定します（ここでは「post」）。action 属性でリンク先（「ealgo20.php」）を指定します。

2 入力欄の「見出し」です。「見出し」は自由に設定できます。「:」は必須ではありません。3の行の前に説明や見出しを，3の行の後ろに補足説明等を必要に応じて記述します。
3 入力欄を定義します。type 属性で，「text」を指定します。name 属性で，入力欄の「名前」を指定します。2と3を対にして，必要なだけ指定します。
4 type 属性で「submit」（送信）と指定し，value 属性で送信ボタン（「送信」）を指定します。送信ボタンの表示（この例では「送信」）は自由に変更できます。
5 <form> タグの終了です。

8.2.5 $_POST と $_GET

送信元の <form> タグで method="post" と指定して実行すると，パラメタ（「名前と値」）は，配列変数である $_POST にセットされます。method="get" と指定すると，パラメタは自動的に $_GET にセットされます。リンク先では，$_POST または $_GET からパラメタを受け取り（取り出し）ます。

リンク先でのパラメタの受け取り例
```
1 $knum = $_POST ['knum'];
```

解説

1 リンク先では，送信元からパラメタを「名前と値」のセットで受け取ります。$_POST ['knum'] のように，「名前」（knum）を指定して，「値」を受け取り（取り出し）ます。[ ] は大かっこ，' はシングルクォーテーションです。名前の前後にスペースを入れるのは厳禁です。

演習8　入力・送信と受信・処理

8-1　例題1　パラメタの入力と送信

図8-1のようなパラメタの入力・送信画面を作成します。メニュー番号を入力し「送信」ボタンをクリックすると，この番号をパラメタとしてリンク先に渡します。ファイル名をealgo21.htmlとし，リンク先をealgo20.phpとします。ealgo20.phpは例題2で作成します。例題2を作成してから，**http://localhost/home535/ealgo21.html** にアクセスしてテストします。

ealgo21.html の例

```
<!DOCTYPE html>
<html>
<head> <meta charset="UTF-8">
 <title>ealgo21.html</title> </head>
<body>
  <h2> パラメタの受け渡し </h2>
  <h3> ＰＨＰを使ったアルゴリズムの例題一覧 </h3>
  <ol>
  <li> アルゴリズム１　　変数 </li>
  <li> アルゴリズム２　　繰り返し </li>
  <li> アルゴリズム３　　if文１ </li>
  <li> アルゴリズム４　　if文２ </li>
  <li> アルゴリズム５　　switch</li>
  <li> アルゴリズム６　　文字列 </li>
  </ol>
  <form method="post" action="ealgo20.php">
    テストしたい番号：
```

```
2      <input type="text" name="knum"> <br><br>
       <input type="submit" value=" 送信 ">
   </form>
 </body>
</html>
```

> **解説**
> 1　リンク先を ealgo20.php とします。
> 2　パラメタを knum という名前で，リンク先に渡します。

8-2　例題 2 パラメタの受信と処理

例題 1 の ealgo21.html から受け取ったパラメタに応じて，「各メニュー」（を実行する PHP プログラム）にリンクを張るという処理を行います。ファイル名は ealgo20.php です。実行例は図 8-2 の左のとおりです。「各メニュー」は，第 6 講と第 7 講で作成した ealgo11.php〜ealgo16.php です。左の「1　変数（実行）」をクリックすると，ealgo11.php が実行され，右のように表示されます。

http://localhost/home535/ealgo21.html にアクセスしてテストします。

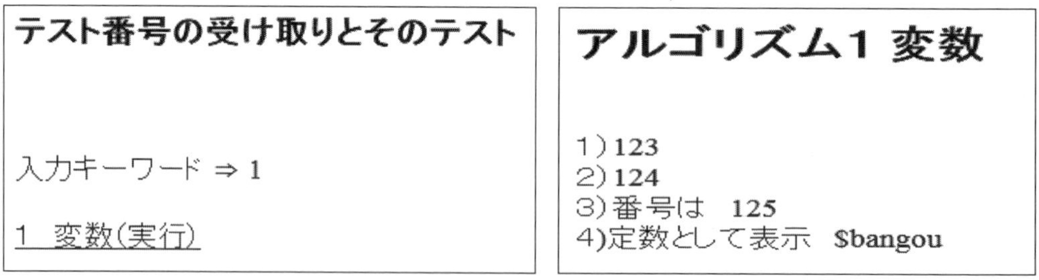

```
テスト番号の受け取りとそのテスト

入力キーワード ⇒ 1

1 変数(実行)
```

```
アルゴリズム1 変数

1) 123
2) 124
3) 番号は　125
4) 定数として表示　$bangou
```

図 8-2　例題 2 の実行例（左）とその結果（右）

ealgo20.php の例
```
<!DOCTYPE html>
<html>
```

8-2 例題 2 パラメタの受信と処理　79

```
      <head> <meta charset="UTF-8">
       <title>ealgo20.php</title> </head>
      <body>
      <h3> テスト番号の受け取りとそのテスト </h3> <br> <br>
      <?php
1     $knum = $_POST ['knum'] ;
      if ( $knum<>null )
         { echo " 入力キーワード ⇒ ",$knum,"<br><br>";
2         switch ( $knum ) {
3           case 1: echo "<a href='ealgo11.php'> 1 　変数（実行） </a>"; break ;
4           case 2: echo "<a href='ealgo12.php'> 2 　繰り返し（実行） </a>"; break ;
5           case 3: echo "<a href='ealgo13.php'> 3 　if 文 1 （実行） </a>"; break ;
6           case 4: echo "<a href='ealgo14.php'> 4 　if 文 2 （実行） </a>"; break ;
7           case 5: echo "<a href='ealgo15.php'> 5 　switch （実行） </a>"; break ;
8           case 6: echo "<a href='ealgo16.php'> 6 　文字列（実行） </a>"; break ;
9           default: echo " ＊＊＊　テスト番号が違います ";
          } }
        else { echo " ＊＊＊　テスト番号が入力されていません。 " ; }
      ?>
      </body>
      </html>
```

解説

1 　テスト番号 knum の値を受け取り，変数 $knum に代入します。

2 　switch 文です。$knum の値に応じて，3～8 の行の処理をします。

3-8 　$knum に応じて，ealgo11.php～elago16.php にリンクします。繰り返しますが，case の後ろに半角スペースが不可欠です。

9 　その他の時，エラーメッセージを表示します。

■ <a> タグなどの echo コマンドでの表示（出力）について

3～8 の行では，echo コマンドで，<a> タグを表示しています。例えば 3 の行は，

　　echo "<a href='ealgo11.php'> 1 　変数（実行） </a>";

ですが，このコマンドを実行すると，次の HTML が作成されます。

<a href='ealgo11.php'> 1　変数（実行）</a>

これを Web ブラウザで表示します。

8-3　例題 3　プルダウンメニューの作成

図 8-3 はプルダウンメニューでテスト番号を選択する例です。<input> タグ（入力）でなく，<select> タグを用います。ファイル名を ealgo22.html とします。リンク先は，例題 2 で作成した ealgo20.php とします。

http://localhost/home535/ealgo22.html にアクセスしてテストをします。

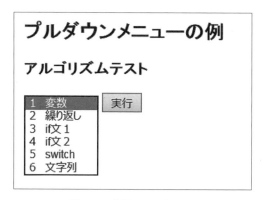

図 8-3　例題 3 の実行例

```
ealgo22.html の例
   <!DOCTYPE html>
   <html>
   <head>　<meta charset="UTF-8">
    <title>ealgo22.html</title>　</head>
   <body>
    <h2> プルダウンメニューの例 <br></h2>
    <h3> アルゴリズムテスト <br></h3>
1  <form method="post" action="ealgo20.php">
2   <select name="knum">
3    <option value = 1> 1　変数 </option>
4    <option value = 2> 2　繰り返し </option>
5    <option value = 3> 3　if 文 1 </option>
```

6	`<option value = 4> 4   if文2 </option>`
7	`<option value = 5> 5   switch</option>`
8	`<option value = 6> 6   文字列 </option>`
9	`</select>`
	`<input type="submit" value=" 実行 " >`
	`</form>`
	`</body>`
	`</html>`

解説

1　　リンク先を，ealgo20.php とします。

2-9　プルダウンメニューを <select> と </select> で挟んで記述します。name 属性で，リンク先に渡す名称（ここでは，knum）を指定します。

3-8　プルダウンメニューの内容を <option> と </option> で挟んで記述します。選択された場合の値（value の値）を，knum の名前で，リンク先に渡します。

8-4　例題 4 ラジオボタンの作成

　図 8-4 は，ラジオボタンで，テスト番号を選択する例です。<input> タグ（入力）の type 属性を「radio」とし，選択する数だけ <input> タグを記述します。このタグの前に見出しを，番号とテスト内容を後ろに記述します。これらは表形式とします。ファイル名を ealgo23.html とし，リンク先は例題 2 で作成した ealgo20.php とします。

　http://localhost/home535/ealgo23.html にアクセスしてテストします。

図 8-4　例題 4 の実行例

ealgo23.html の例

```html
<!DOCTYPE html>
<html>
<head>   <meta charset="UTF-8">
 <title>ealgo23.html</title>   </head>
<body>
<h2> ラジオボタンの例 </h2>
<h3> アルゴリズムテスト <br></h3>
<form method="post" action="ealgo20.php">
<table border="1">
<tr><th> 選択 </th> <th> 番号 </th> <th> テスト内容 </th></tr>
```
```
1   <tr><td><input type="radio" name="knum" value="1"
2                         checked="checked"></td>
3     <td> 1 </td><td> 変数 </td></tr>
4   <tr><td><input type="radio" name="knum" value="2"></td>
5     <td> 2 </td><td> 繰り返し </td></tr>
6   <tr><td><input type="radio" name="knum" value="3"></td>
7     <td> 3 </td><td>if 文 1 </td></tr>
8   <tr><td><input type="radio" name="knum" value="4"></td>
9     <td> 4 </td><td>if 文 2 </td></tr>
10  <tr><td><input type="radio" name="knum" value="5"></td>
11    <td> 5 </td><td>switch</td></tr>
12  <tr><td><input type="radio" name="knum" value="6"></td>
13    <td> 6 </td><td> 文字列 </td></tr>
```
```html
</table>
<input type="submit" value=" 実行 ">
</form>
</body>
</html>
```

解説

1-13 ラジオボタンであることを，type 属性で指定します．選択した場合の値（value の値）を，knum の名前で，リンク先に渡します．

1-3 この例では，checked 属性で，あらかじめ（デフォルトとして）このボタ

	ンをチェックした状態にしています。このラジオボタン（1 変数）を選択したら，「1」を渡します。
4-5	このラジオボタン（2 繰り返し）を選択したら，「2」を渡します。
6-7	このラジオボタン（3 if 文 1）を選択したら，「3」を渡します。
8-9	このラジオボタン（4 if 文 2）を選択したら，「4」を渡します。
10-11	このラジオボタン（5 switch）を選択したら，「5」を渡します。
12-13	このラジオボタン（6 文字列）を選択したら，「6」を渡します。

8-5 例題 5 分かち書き処理（入力）

文字列の「分かち書き処理」例を扱います。図 8-5 はキーワードをスペースで挟んで入力する画面例です。ファイル名を ealgo31.html とし，リンク先を ealgo31.php とします。受け渡すパラメタを kword とします。ealgo31.php は例題 6 で作成します。

例題 6 を作成後，http://localhost/home535/ealgo31.html にアクセスしてテストします。

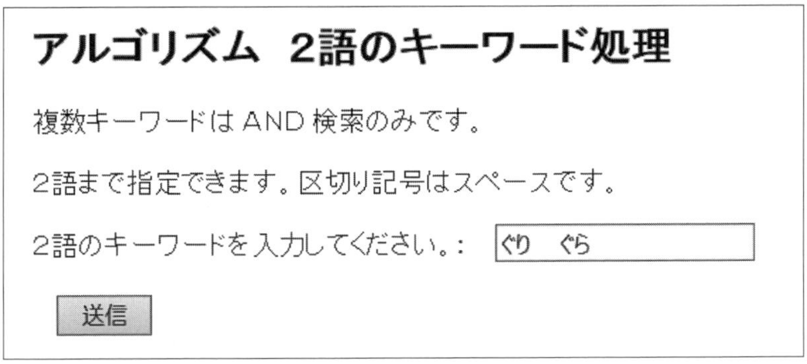

図 8-5 例題 5 の入力画面例

ealgo31.html の例
```
<!DOCTYPE html>
<html>
<head> <meta charset="UTF-8">
 <title>ealgo31.html</title> </head>
<body>
```

```
    <h2> アルゴリズム　2 語のキーワード処理 </h2>
    <p> 複数キーワードは AND 検索のみです。</p>
1   <p> 2 語まで指定できます。区切り記号はスペースです。</p>
    <form method="post" action="ealgo31.php">
      2 語のキーワードを入力してください。：
      <input type="text" name="kword"><br><br>
      <input type="submit" value=" 送信 ">
    </form>
  </body>
</html>
```

> **解説**
> 1　区切り記号のスペースは，全角と半角の二つがあります。

8-6　例題 6 分かち書き処理

図 8-6 は，例題 5 の ealgo31.html からパラメタを受け取って，スペースで区切られた 2 語を分かち書きする例です。語間のスペースは 4 個までを前提としています。ファイル名は ealgo31.php です。**http://localhost/home535/ealgo31.html** にアクセスしてテストします。

```
アルゴリズム　2 語のキーワード処理
入力されたキーワード ⇒ ぐり　　ぐら
全角と半角のスペースを半角スラッシュに　⇒ ぐり//ぐら
連続するスラッシュを一つに　⇒ ぐり/ぐら
最初の語　⇒ ぐり
最後の語　⇒ ぐら
```

図 8-6　例題 6 の分かち書き例

ealgo31.php の例
```
<!DOCTYPE html>
<html>
```

```
      <head> <meta charset="UTF-8">
       <title>ealgo31.php</title> </head>
      <body>
       <h3> アルゴリズム　2語のキーワード処理 </h3>
      <?php
        $kword = $_POST ['kword'] ;
        if ($kword<>null)
           { echo " 入力されたキーワード　⇒ ",$kword,"<br>"; }
1         else { echo " キーワードが入力されていません。"; exit; }
2       $kigou1 = "　";      // 全角スペース
        $kigou2 = " ";       // 半角スペース
        $slash1 = "/";       // 半角スラッシュ
        $slash2 = "//";      // 半角スラッシュ2文字
        $moji1 = $kword;
3       $moji2 = str_replace($kigou1,$slash1,$moji1);
        $moji3 = str_replace($kigou2,$slash1,$moji2);
        echo " 全角と半角のスペースを半角スラッシュに　⇒ ",$moji3,"<br>";
4       $moji4 = str_replace($slash2,$slash1,$moji3);
        $moji5 = str_replace($slash2,$slash1,$moji4);
        echo " 連続するスラッシュを一つに　⇒ ",$moji5,"<br>";
5       $pos = strpos($moji5,$slash1);
6       $word1 = substr($moji5,0,$pos);
7       $word2 = substr($moji5,$pos + 1);
        echo " 最初の語　⇒ ",$word1, "<br>";
        echo " 最後の語　⇒ ",$word2, "<br>";
      ?>
      </body>
      </html>
```

解説

1 キーワードが入力されない時，処理全体を終えるために，exit コマンドを使用します。「exit;」は強制終了という命令です。

2 " " 内には全角のスペースを入力してください。半角スペース2文字ではありません。なお，// はコメント行です。

3 str_replace は，文字列 $moji1 の中の $kigou1 をすべて $slash1 に変える関数で

す。$moji1 の中の全角のスペースを「/」に変えて，$moji2 に代入します。続けて半角スペースを「/」に変えています。

4　連続する「//」を「/」に変えます。四つの「////」を変換すると「//」が作成されるため，もう一度「//」を「/」にします。

　　なお，区切り記号のスペースが4個を越える時や，先頭がスペースだとうまくいきません。改善策を考えてみてください。

5　strpos($moji5,$slash1) は，$moji5 の中に，$slashi1 があればその（最初の）位置を返す関数です。先頭は0です。

6　substr は，$moji5 の先頭から $pos 文字を切り出す関数です。$pos が「/」の0から始まる位置なので，「/」前までの文字列の長さとなります。

7　3番目の引数を指定しないと任意の長さとなります。$moji5 の $pos + 1 以降の文字例を切り出します。$pos が「/」の0から始まる位置なので，$pos + 1 が「/」の次の文字の位置を指します。

5-7　この三つの関数を使って，「/」を判断して，前後の文字列を二つに分けることができます。

よくある誤りの例8

①次のページに移らない
　　→　HTML 文書側の <form> タグの綴りの間違いが多いようです。
　　　　<form とすべきところを，<from と間違えることがよくあります。

②Notice: Undefined index: num in G:¥xampp¥htdocs¥home535¥ealgo20.php on line 9（ealgo20.php の9行目の名前「num」が定義されていません）
　　→　例えば，下の例では，名前「knum」と「num」が合っていません。

送信元の ealgo21.html	`<input type="text" name="knum">`
リンク先の ealg020.php	`$knum = $_POST ['num'] ;`

　　これもよくある誤りの例です。両者の名前を一致させてください。

第3編

第9講　PHP入門4／MySQL入門1：
　　　　DBMSと検索手順・SQLの概要
演習9　簡単な検索

第10講　PHP入門5／MySQL入門2：
　　　　SQL（SELECT文）の詳細
演習10　複数条件検索

第11講　PHP入門6／MySQL入門3：
　　　　処理手順とフローチャート
演習11　詳細検索

第9講　PHP入門4／MySQL入門1：DBMSと検索手順・SQLの概要

9.1　MySQL

　本書では，リレーショナルデータベースの MySQL を使用します。MySQL に筆者が作成したデータベース ehondb を使って演習を行います。例えば，貸出システムでは，貸出ファイル，利用者ファイル，図書ファイルが必要です。ehondb では図 9-1 のように，ファイル間を利用者番号と図書番号で関係づけています。この関係づけが容易に実現できるのがリレーショナルデータベース（の MySQL）の特徴の一つです。

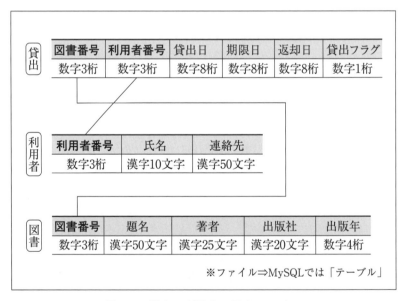

図 9-1　貸出・利用者・図書ファイル

　MySQL の「テーブル」等の用語と例は表 9-1 のとおりです。参考までに Excel の例を併記します。

表 9-1　MySQL の「テーブル」等の用語と例

MySQL	MySQL の例	Excel（参考）
データベース（名）	ehondb	ファイル（名）
テーブル（名）	tosho1　tosho2	シート（名）
カラム／項目（名）	rno　title ……　link	列　　　Ａ Ｂ Ｃ
レコード／行	（同上の値）	行　　　その値

　データベースの定義や検索・更新などの操作は，広く普及している SQL（Structured Query Language）で行います。この SQL は PHP プログラムで作成します。

　データベースの作成，テーブルの作成，項目の定義，複製，追加，削除，修正などは，MySQL のエディタ phpMyAdmin を使って作成することもできます。データベースの初期作成等はこのエディタを使って行う方が簡単です。詳しいことは，付録 3 を参照してください。なお，以下では，初心者にわかりやすいように，「テーブル」を「ファイル」と言い換えることにします。

9.2　使用するデータベース

　この講では，データベース ehondb のうち図書ファイル 1 の tosho1 を使います。構造とレコードの例を表 9-2，表 9-3 に示します。6 レコードあります。link に対応した画像ファイルは home535 にあります。

表 9-2　tosho1 の項目

項目名	rno	title	chosha	pub	nen	link
内容	図書番号	題名	著者	出版社	出版年	画像アドレス
文字数	数字 3 桁	漢字 50 字	漢字 25 字	漢字 20 字	英数 4 字	英数 40 字

表 9-3　tosho1 の例

rno	title	chosha	pub	nen	link
1	100万回生きたねこ	佐野洋子著	講談社	1977	neko.bmp
2	ぐりとぐら	なかがわりえこ著 おおむらゆりこ著	福音館書店	1982	picguri.bmp
3	はじめてのおつかい	筒井頼子作 林明子著	福音館書店	1977	otukai.bmp

9.3　データベース検索手順

　検索画面は HTML で作成します。検索処理は PHP で作成します。検索処理では，検索画面で入力したパラメタ（キーワード）を受け取り，そのキーワードでデータベースを検索し，その結果を HTML として作成（出力）します。それを，Web ブラウザで表示します。図 9-2 の左が検索画面の例で，右が tosho1 のタイトルを検索した結果を表示した例です。

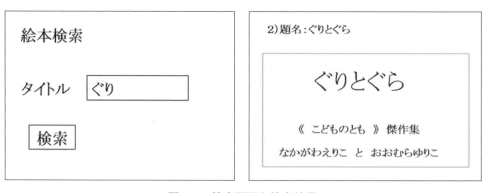

図 9-2　検索画面と検索結果

　PHP から MySQL へのアクセスは，PDO を利用します。PDO とは，PHP DATA OBJECT という，データベースライブラリです。データベースにアクセスするための関数や手続きのための処理ソフトウェアを一つにまとめたものです。

次のような，さまざまなことを PDO で行うことができます．
- データベース，ID，パスワードを指定してデータベースに接続
- SQL によるデータベースの検索
- 該当レコードの取り出し
- データベースの編集

PDO は，オブジェクト指向プログラミング技法の一つですが，やさしくかつ正確に説明するのはとても難しいので，正確さには少し欠けますが，支障のない範囲で言い変えて説明します．

この PDO を使用する時には，最初に，

$dbh ＝ new PDO (database ,id, password) ;

のように，( ) 内に引数として，データベース，ID，パスワードを入力して，指定する（MySQL 内の）データベースに接続します．

接続の結果「うまくいったか／いかなかったか」が，$dbh に代入されます．この接続がうまくいった場合「真」の値が返され，うまくいかなかった場合「偽」が返されます．本書では，接続できるのが前提ですので，「偽」の時のエラー処理は省いてあります．うまくいかない時は，エラーメッセージが表示され，そこで処理が止まります．この $dbh を使って，代入文の右で指定した MySQL のデータベースへの接続であることを特定できます．

PDO の関数や手続きに，query，prepare，excute，fetch などがあります．「new PDO（……）」もその一つです．関数は結果を「返り値」として受け取りますが，結果等を受け取る必要がないこともあります（その時は，代入の右に相当する部分だけ記述します）．

データベースへの接続から検索，終了までのアクセス手順を，表 9-4 にまとめました．

以上のコマンド例などを，home535 内の mysqlsample.txt に用意しています．一から入力していると，間違えやすいのでコピーして使ってください．

■ ->

アロー演算子です．$a -> function のように使います．
- function は，先に説明した，PDO などのデータベースライブラリのメソッド（関数や手続き）です
- $a は，例えば，$dbh や $stmt のように，メソッド（関数や手続き）である function を特定するものです

表9-4 データベースへのアクセス手順

1	あらかじめ変数に値をセットしておきます。この変数を2の引数として活用します
	$dsn="mysql:dbname=ehondb;host=localhost";　　← localhost の MySQL の ehondb $user = "lookdb";　　　　　　　　　　　　　　　← ID　lookdb $password = "muscat";　　　　　　　　　　　　　←パスワード　muscat
	1行目の " " 内の = の前後に半角スペースを挿入すると，うまくいきません
2	DB，IDとパスワードを指定して，（MySQLの）データベースに接続し，その接続結果を $dbh に代入します。以後は，この $dbh でこのデータベース（ここでは，localhost の MySQL の ehondb）を特定します（new と PDO 間は半角スペース）
	$dbh = new PDO ($dsn, $user, $password) ;
3	PHP から MySQL にアクセスする時の文字コードを，指定します。utf8 です（SQLでは，utf-8 とすると誤りとなります）。アロー演算子 -> の左に，アクセスするデータベースを指定します（この例では，$dbh です。2で接続したデータベースを指します）
	$dbh -> query("SET NAMES utf8");
4	データベース検索のためのSQLとして，SELECT文を用意します。用意したものを，例えば，$request という変数に代入しておき，以後はこの変数を（SQLの）引数として指定します
	$request = "SELECT * FROM tosho1 WHERE title LIKE '% ぐり %'";
5	prepere（……）で，接続したMySQLで，SQLを解析し，6で実行します。アロー演算子 -> の左は3と同じです。「prepare(……)」の結果を代入して，例えば $stmt と名付けます
	$stmt = $dbh -> prepare ($request) ;
6	5で準備した「SQL」を実行します。アロー演算子 -> の左に，この「SQL」を指定します（この例では，$stmt です）
	$stmt -> execute();
7	6のSQLの実行結果として，検索結果の1レコードを配列で受け取り，$dataに代入します。アロー演算時である -> の左は6と同じです
	$data = $stmt -> fetch (PDO::FETCH_ASSOC) ;
8	受け取った配列 $data から，項目 rno title chosha の値を取り出し，各変数に代入します。[ ] 内に「'」でくくって項目名を指定して，配列 $data からその値を取り出します
	$rno = $data ['rno'] ; $title = $data ['title'] ; $chosha = $data ['chosha'] ;
9	MySQL のデータベース（ここでは，ehondb）への接続を終えます $dbh =null; は $dbh をクリアすることですので，接続を終えることを意味します
	$dbh = null;

■ null

「ヌル」とよみ，「空」（何もない）ということです。つまり，0文字の文字列です。0文字の文字列を代入することは，左辺の変数をクリアすることを意味します。

9.4 SQL（SELECT 文）

PHP プログラムから MySQL のデータベースにアクセスし，検索，新規作成，更新，削除等の処理を行うには，SQL として SELECT 文，INSERT 文，UPDATE 文，DELETE 文を使います。

この講では，SELECT 文について簡単に説明します。例えば，tosho1 ファイルのすべてのレコードの全項目を抽出するのは，次のような SELECT 文になります。「;」は付けません。

  SELECT * FROM tosho1

「*」で，すべての項目を出力します。「*」のかわりに，項目名（カラム名）を指定すれば，その項目を出力します。複数の時は，カンマで繋ぎます。FROM に続けて検索するファイルを指定します。

条件を付けて検索するには，次のように，「WHERE」に続けて「条件」を付け加えます。

  SELECT * FROM tosho1 WHERE title LIKE '% ぐり %'

'%ぐり%' のように，（% も含めて）文字列には，前後に「'」を付けます。

この例では，「title LIKE '%ぐり%'」が条件です。「『ぐり』について，title を部分一致で検索する」という条件です。「%」は，任意の文字列を意味します。これを使って，例えば，「ぐり%」は前方一致検索を，「%ぐり」は後方一致検索を，「%ぐり%」は部分一致検索を指定することができます。「%」を付けず完全一致検索もできます。

複数の条件を AND や OR などの演算子を使って記述することもできます。複数の条件については，第10講で扱います。

9.5 検索結果の受け取り

検索結果は，fetch 関数で受け取ります。（ ）内は，配列で1レコードを受け取るという意味です。項目名と値が関係づけられています。例えば，次のように1レコードを受け取り，項目ごとにその値を取り出すことができます。

レコード受け取り例

```
1  $data = $stmt -> fetch(PDO::FETCH_ASSOC);
2  $rno = $data ['rno'] ;
3  $title = $data ['title'] ;
4  $chosha = $data ['chosha'] ;
```

解説

1　検索結果を1レコード受け取り，$data に代入します。
2　$data から rno の値を取り出し，$rno に代入します。
3　$data から title の値を取り出し，$title に代入します。
4　$data から chosha の値を取り出し，$chosha に代入します。

　データベースを検索した場合，1レコードだけでなく，複数，あるいは全レコードが検索されることも少なくありません。したがって，fetch 関数は検索された件数分だけ繰り返す必要があります。繰り返し処理には，while 文を使います。fetch 関数で受け取ったレコードは配列ですので，代入先の $data は配列変数となります。

　この，$data に，レコードの項目とその値が代入されて「いるか」「いないか」で，この繰り返しの条件の判定に活用します。繰り返し処理例と解説を次に示します。

繰り返し処理の例

```
1  $data = $stmt -> fetch(PDO::FETCH_ASSOC);
2  while ($data)
3    { $rno = $data ['rno'] ;
        （途中省略）
      $hitno = $hitno + 1;
4      $data = $stmt -> fetch(PDO::FETCH_ASSOC);
      }
```

解説

1 最初の1レコードを受け取り，$data に代入します。
2 while の条件は $data ですが，この $data にレコードが代入されたかどうかで判定します。代入されれば，$data は「真」です。代入されなければ，「偽」です。
3 $data から，項目ごとに値を取り出す処理です。
4 次の1レコードを取り出し，$data に代入します。
※ 受け取るレコードがあるかぎり，{ }内の処理を繰り返し，なくなれば終わりです。1件もなければ，{ }内の処理はされず，終了します。

1・2・4の行をまとめて行う方法もあります。次のように，上の1・4の行に相当するものを，下の1の行の while の条件として記述するものです。

条件内に fetch 関数を指定する例

```
1  while ($data = $stmt -> fetch(PDO::FETCH_ASSOC))
     { $rno = $data ['rno'] ;
       （途中省略）
       $hitno = $hitno + 1;
     }
```

解説

1 while 文の条件として，（ ）内に

　　　　$data = $stmt -> fetch(PDO::FETCH_ASSOC)

を記述します。1レコードを受け取り，$data に代入しますが，条件は，代入された $data ですので，繰り返すかどうかの判定に使います。条件には ; はつけません。

演習 9　簡単な検索

9-1 例題 1　簡単な検索の画面例

図 9-3 のような，キーワードを入力する画面を作成します。検索画面を eken11.html とし，処理先を eken11.php とします。action 属性で処理先 eken11.php を指定します。
eken11.php は例題 2 で作成します。

入力エリアの見出しを「タイトル」とします。処理先に渡すパラメタ（キーワード）の名前を，name 属性で tword と指定します。

例題 2 を作成してから，http://localhost/home535/eken11.html にアクセスしてテストします。

図 9-3　検索画面例

eken11.html の例
```
   <!DOCTYPE html>
   <html>
   <head> <meta charset="UTF-8">
    <title>eken11.html</title> </head>
   <body>
    <h2> 絵本検索 </h2><br>
1  <form method="post" action="eken11.php">
2     タイトル
3     <input type="text" name="tword"> <br><br>
4     <input type="submit" value=" 検索 ">
    </form>
   </body>
   </html>
```

> **解説**
> 1　method 属性：パラメタの送信方法。post メソッドとします。
>   　action 属性：処理先を eken11.php とします。
> 2　入力エリアの見出しです。自由に変更しても構いません。
> 3　type 属性：入力エリアのタイプを，「text」（テキスト）とします。
>   　name 属性：入力したパラメタ名を，「tword」として処理先に渡します。
> 4　type 属性：「submit」（送信）とします。
>   　value 属性：送信ボタンの表示を「検索」とします。表示文字は変更できます。

9-2　例題 2 検索処理

例題 1 の eken11.html からパラメタ（キーワード）（tword）を受け取って検索し，結果を図 9-4 のように表示します。ファイル名は eken11.php です。第 1 講で紹介した検索結果例を若干変更して，見出し，受け取ったパラメタ，作成した SELECT 文を表示するステップを加えています。

受け取ったキーワードで，ehondb の tosho1 の title を検索し，表示します。キーワードが入力されなかった場合，全件を表示します。

http://localhost/home535/eken11.html にアクセスしてテストします。

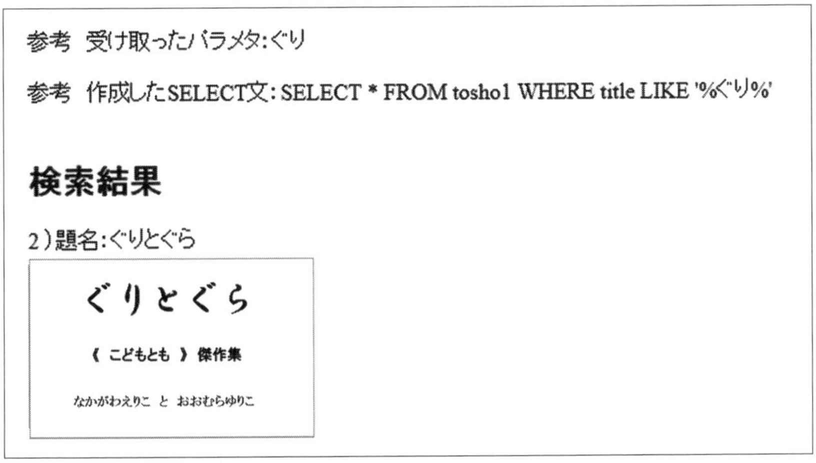

図 9-4　検索結果例

> eken11.php の例

```
    <!DOCTYPE html>
    <html>
    <head> <meta charset="UTF-8">
     <title>eken11.php</title> </head>
    <body>
    <?php
 1   $hitno = 0;
 2   $tword = $_POST ['tword'] ;
 3   echo " 参考　受け取ったパラメタ：",$tword,"<br><br>";
 4   $dsn = "mysql:dbname=ehondb;host=localhost";
 5   $user = "lookdb";  $password = "muscat";
 6   $dbh = new PDO($dsn,$user,$password);
 7   $dbh -> query("SET NAMES utf8");
 8   $string = '%' . $tword . '%';
 9   if ($tword <> null)
10     { $request = "SELECT * FROM tosho1 WHERE title LIKE '$string'"; }
11      else  { $request = "SELECT * FROM tosho1"; }
12   echo " 参考　作成した SELECT 文：",$request,"<br><br>";
13   $stmt = $dbh -> prepare($request);
14   $stmt -> execute();
15   while ($data = $stmt -> fetch(PDO::FETCH_ASSOC)) {
16      $rno = $data ['rno'] ;  $title = $data ['title'] ;
        $link = $data ['link'] ;
        echo "<h2> 検索結果 </h2>";
        echo "$rno )"," 題名：",$title,"<br>";
17      echo "<img src='$link' alt='$title' width=200>","<br>";
18      $hitno = $hitno + 1;
       }
19   if ($hitno==0) { echo " <p> <br> ***　該当するものがありません。 </p>"; }
20   $dbh = null;
    ?>
    </body>
    </html>
```

> **解説**

1	ヒット件数のカウンター。初期値を 0 とします。
2	送信元で指定した名前（tword）で，$_POST から値を取り出します。
3	受け取ったパラメタを表示します。この行は，なくても構いません。
4-7	データベース，ID，パスワードを指定して，（MySQL の）データベースに接続します。さらに，文字コード（utf8）をセットします。
8	2 の行の $tword の前後に「%」をつけて，$string に代入します。「%」は任意の文字列で，部分一致検索を実現するためのものです。
9-11	if 文です。( ) 内が条件ですが，「$tword <> null」は，「$tword が null でなければ」という意味です。null でなければ，続く { } 内の処理をし，そうでなければ（null であれば），else に続く { } 内の処理をします。
12	作成した SELECT 文を表示します。この行は，なくても構いません。
13	$dbh にアクセスする SQL をセットし，$stmt と名付けます。
14	13 でセットした SQL を実行します。どの SQL を実行するかは，-> の左に，$stmt を指定します（ここでは，13 の行で名付けたものです）。
15	1 レコードずつ受け取り，レコードがある限り { } 内の処理を繰り返します。なくなれば，{ } 内の処理を終えます。
16-17	項目ごとにその値を取り出し，表示します。
18	ヒット件数をカウントします（$hitno に 1 を加えます）。
19	$hitno が 0 であれば，「該当なし」のメッセージを表示します。
20	$dbh の処理を終えます。⇒ データベースへのアクセスを終えます。

■検索結果 0 件の処理

最初に $hitno = 0; と設定します。検索結果が 1 件もヒットとしない場合，while 内の処理がなされないので，$hitno = $hitno + 1; は実行されません。したがって，$hitno は 0 のままです。これを利用し，$hitno が 0 であれば，「該当なし」を表示します。

■例題 1 と例題 2 のテスト方法

次のような手順でテストを実施してください。

① XAMPP を立ちあげます。終了するまで，立ち上げたままにしておきます

② IE のアドレス欄に，「http://localhost/home535/eken11.html」を入力してアクセスします。Excel に，この URL を作成しておき，クリックすると便利です

③検索画面で，何も入力せず，送信して，全件検索されるかどうか確かめます。表示された SELECT 文が，「SELECT * FROM tosho1」であることを確認してください
④検索画面で，タイトル中にある言葉で検索し，検索されるかどうか確かめます。受け取ったパラメタが入力したとおりであるか，SELECT 文が，「SELECT * FROM tosho1 WHERE title LIKE '%ぐり%'」などになっているか，確かめてください
⑤タイトル中にない言葉を入力して，検索されないことも確かめてください

9-3　例題 3　著者検索画面

著者検索の例です。検索画面を eken12.html とし，処理先を eken12.php とします。受け渡すパラメタを，cword とします。実行例は省略します。eken12.php は例題 4 で作成します。例題 4 を作成してから，http://localhost/home535/eken12.html にアクセスしてテストします。

```
eken12.html の例
<!DOCTYPE html>
<html>
<head> <meta charset="UTF-8">
 <title>eken12.html</title> </head>
<body>
  <h2>絵本検索 </h2><br>
  <form method="post" action="eken12.php">
     著　者
     <input type="text" name="cword"> <br><br>
     <input type="submit" value=" 検索 ">
  </form>
</body>
</html>
```

9-4　例題 4　著者検索処理

例題 3 の eken12.html からパラメタ（cword）を受け取って，検索し，結果を表示します。ファイル名は eken12.php です。実行例は省略します。

http://localhost/home535/eken12.html にアクセスしてテストします。

eken12.php の例

```php
<!DOCTYPE html>
<html>
<head> <meta charset="UTF-8">
 <title>eken12.php</title> </head>
<body>
<?php
  $hitno = 0;
  $cword = $_POST ['cword'] ;
  $dsn = "mysql:dbname=ehondb;host=localhost";
  $user = "lookdb";  $password = "muscat";
  $dbh = new PDO($dsn,$user,$password);
  $dbh -> query("SET NAMES utf8");
  $string = '%' . $cword . '%';
  if ($cword <> null)
    { $request = "SELECT * FROM tosho1 WHERE chosha LIKE '$string'"; }
     else  { $request = "SELECT * FROM tosho1"; }
  $stmt = $dbh -> prepare($request);
  $stmt -> execute();
  while ($data = $stmt -> fetch(PDO::FETCH_ASSOC)) {
    $rno = $data ['rno'] ;  $title = $data ['title'] ;
    $chosha = $data ['chosha'] ;
    $link = $data ['link'] ;
    echo "$rno )"," 題名：",$title,"／著者：",$chosha,"<br><br>";
    echo "<img src='$link' alt='$title' width=200>","<br> <br>";
    $hitno = $hitno + 1;
   }
if ($hitno==0) { echo " <p> <br> ***　該当するものがありません。 </p>"; }
$dbh = null;
?>
</body>
</html>
```

よくある誤りの例 9

①検索画面から全く動かない
　→　eken11.html で，＜form とすべきところを，＜from と間違えていませんか．

②全く検索されない
　→　eken11.php で，FROM とすべきところを，FORM と間違えていませんか．

③Notice:Undefined index: word in G:¥xampp¥htdocs¥home535¥eken11.php on line 9（eken11.php の 9 行目の「word」が定義されていません）
　→　例えば，下の例では，両者の名前があっていないのが原因です．後者の「word」を，「tword」に変えます．

eken11.html	パラメタの名前を tword と指定
eken11.php	パラメタの取りだす項目名を word と指定

④Notice: Undefined variable: data in G:¥xampp¥htdocs¥home535¥eken11.php on line 24（$data が定義されていません）
　→　例えば，下の例では，両者の名前があっていないのが原因です．前者の「$date」を「$data」に変えます．

23 行目	while ($date = $stmt -> fetch(PDO::FETCH_ASSOC)) {
24 行目	$rno = $data ['rno'] ;

第10講　PHP入門5／MySQL入門2：SQL（SELECT文）の詳細

10.1　SELECT文の検索条件

検索条件は，WHEREに続けて，次のように記述します。検索条件を指定せず，全件抽出したい時は，WHERE以下を記述しません。
　　　SELECT　抽出項目　FROM ファイル名　WHERE 検索条件
検索条件として，論理演算子を使って複数の「検索条件」を指定できます。単独の「検索条件」は表10-1のように記述します。条件値は，「数値」と「文字列」の時があります。「等しい」場合の比較演算子で，＝は，二つではなく，一つですので注意してください。部分一致などの曖昧検索の時は，＝でなく，LIKEを使います。

表10-1　検索条件の記述方法と例

条件値	記述方法	条件例	
数値の時	検索項目名 = 数値	rno = 123	
文字列の時	検索項目名 = '文字列'	title='ぐりとぐら'	← 完全一致
	検索項目名 LIKE '文字列'	title LIKE 'ぐり%'	← 前方一致
		title LIKE '%ぐら'	← 後方一致
		title LIKE '%ぐり%'	← 部分一致

10.2　検索条件の複数指定

「検索条件」を複数指定する場合，「AND」や「OR」などの論理演算子を使います。最も単純な記述方法は次のとおりです。

「検索条件」 演算子 「検索条件」 演算子 「検索条件」……

複数の検索条件の例を表10-2に示します。1, 2, 3が最も単純な例です。5は三つの検索条件の例です。同じ項目名の場合も，2のように，単独の「検索条件」の記述方法に従います。論理演算子の前後には半角のスペースか記号が必要です。ANDとORが同時に指定された場合，ANDが優先です。また，4のように，演算子として，( ) が使えます。ORを優先したい時は ( ) 内にORの検索条件を記述します。

表10-2 複数の検索条件の例

1	title LIKE '%ぐら%' AND pub LIKE '%福音館%'
2	title LIKE '%ぐり%' AND title LIKE '%ぐら%'
3	pub ='偕成社' OR pub LIKE '%福音館%'
4	(pub ='偕成社' OR pub LIKE '%福音館%') AND nen = '2010'
5	title LIKE '%福%' OR chosha LIKE '%福%' OR pub LIKE '%福%'

ただし，例えば，「(title OR chosha OR pub) LIKE '%福%'」は，誤りです。あくまでも，単独の「検索条件」について，上の記述方法が満足されることが前提です。

文字列には，'偕成社' や '%福音館%' の例のように「'」を付けますが，文字列の前後にスペースを入れるのは厳禁です。スペースを含めた文字列が検索条件とみなされるからです。'$string' のように文字列を変数で指定した時も同様で，$stringの前後にスペースを入れないようにしてください。

演習 10　複数条件検索

10-1　例題 1 複数キーワードの AND 検索画面

　複数のキーワードで，title を AND 検索する例です。両方入力しないとエラーとします。検索画面を eken14.html とします。図 10-1 が実行例です。処理先を eken14.php とし，処理先に渡すパラメタを，kword1，kword2 とします。eken14.php は例題 2 で作成します。
　例題 2 を作成後，http://localhost/home535/eken14.html にアクセスしてテストします。

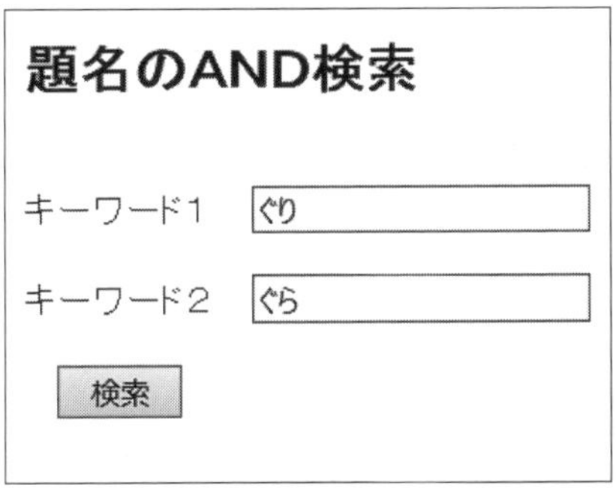

図 10-1　例題 1 の実行例

eken14.html の例

```
<!DOCTYPE html>
<html>
<head> <meta charset="UTF-8">
 <title>eken14.html</title> </head>
<body>
  <h2> 題名の AND 検索 </h2><br>
  <form method="post" action="eken14.php">
1    キーワード１
2    <input type="text" name="kword1"><br><br>
3    キーワード２
4    <input type="text" name="kword2"><br><br>
     <input type="submit" value=" 検索 ">
  </form>
</body>
</html>
```

解説

1-2 <input>タグは,「見出し」と対にして入力項目数だけ記述できます。見出しが「キーワード1」で, name属性の名前(kword1)で, 入力した値をeken14.phpに渡します。

3-4 見出しが「キーワード2」で, name属性の名前(kword2)で, 入力した値をeken14.phpに渡します。

10-2 例題2 複数キーワードのAND検索処理

例題1のeken14.htmlからパラメタ(キーワード)(kword1, kword2)を受け取って, 検索し, 結果を表示します。図10-2が実行例です。「SELECT文」の確認のために, 作成したSELECT文を表示します。ファイル名はeken14.phpとします。
http://localhost/home535/eken14.html にアクセスしてテストします。

SELECT文は次のとおりです。

SELECT * FROM tosho1 WHERE title LIKE '%ぐり%' AND title LIKE '%ぐら%'

検索結果

2)題名:ぐりとぐら／著者:なかがわりえこ著 おおむらゆりこ著／出版社:福音館書店

図10-2 例題2の実行例

eken14.php の例

```
<!DOCTYPE html>
<html>
<head> <meta charset="UTF-8">>
 <title>eken14.php</title> </head>
<body>
```

```php
<?php
  $hitno = 0;
  $kword1 = $_POST ['kword1'] ;
  $kword2 = $_POST ['kword2'] ;
  $dsn = "mysql:dbname=ehondb;host=localhost";
  $user = "lookdb";  $password = "muscat";
  $dbh = new PDO($dsn,$user,$password);
  $dbh -> query("SET NAMES utf8");
  $request = null;
  if ($kword1 <> null and $kword2 <> null) {
     $string1 = '%' . $kword1 . '%';
     $string2 = '%' . $kword2 . '%';
     $request = "SELECT * FROM tosho1 WHERE title LIKE '$string1'"
              . " AND title LIKE '$string2'"; }
  else { echo "<br><br>＊＊キーワードが入力されていません＊＊"; exit; }
  // 誤りを探す時 echo コマンドを使う。
  echo "SELECT 文は次のとおりです。<br><br>";
  echo $request,"<br><br>";
  echo " 検索結果 <br><br>";
  $stmt = $dbh -> prepare($request);
  $stmt -> execute();
  while ($data = $stmt -> fetch(PDO::FETCH_ASSOC)) {
     $rno = $data ['rno'] ;  $title = $data ['title'] ;
     $chosha = $data ['chosha'] ; $pub = $data ['pub'] ;
     $link = $data ['link'] ;
     echo "$rno )"," 題名：",$title,"／著者：",$chosha,
         "／出版社：",$pub,"<br><br>";
     echo "<img src='$link' alt='$title' width=200>","<br> <br>";
     $hitno = $hitno + 1;
   }
  if ($hitno==0) { echo " <p> <br> *** 該当するものがありません。 </p>"; }
  $dbh = null;
?>
</body>
</html>
```

> **解説**
>
> 1-2 $_POST から，kword1 と kword2 の値を取り出します。
>
> 3   キーワードが二つとも入力された場合，続く { } 内の処理を行います。
>
> 4-5 文字列の連結は，ピリオドを使います。キーワード1, 2に対する検索条件を，「AND」で繋ぎます。ANDの前後に半角のスペースを挟みます。
>   図10-1の例では，「title LIKE '%ぐり%' AND title LIKE '%ぐら%'」となります。
>
> 6   キーワードが両方入力されない時はメッセージを表示し，処理全体を終えます。
>
> 7   SELECT文を確認するために，作成されたSELECT文を表示します。

10-3　例題3　複数キーワードのOR検索画面

複数のキーワードで，titleをOR検索します。検索画面をeken15.htmlとし，処理先をeken15.phpとします。name属性で，処理先に渡すパラメタ（キーワード）を，kword1とkword2とします。実行例，解答例はありません。eken15.phpは例題4で作成します。

例題4を作成してから，**http://localhost/home535/eken15.html** にアクセスしてテストします。

10-4　例題4　複数キーワードのOR検索処理

例題3のeken15.htmlからパラメタを受け取って，検索し，結果を表示します。ファイル名はeken15.phpです。実行例はありません。eken15.phpの解答例は，例題2のeken14.phpと異なるSELECT文を中心に例示します。

http://localhost/home535/eken15.html にアクセスしてテストします。

> **eken15.php の例**
> ```
> <!DOCTYPE html>
> <html>
> <head> <meta charset="UTF-8">
>  <title>eken15.php</title> </head>
> <body>
> <?php
>  （省略）
> ```

```
      {$string1 = '%' . $kword1 . '%';
      $string2 = '%' . $kword2 . '%';
1     $request = "SELECT * FROM tosho1 WHERE title LIKE '$string1'"
2              . " OR title LIKE '$string2'"; }
   (省略)
   ?>
   </body>
   </html>
```

> **解説**
>
> 1-2 二つの検索条件を,「OR」で繋ぎます。OR の前後は半角スペースです。条件は,例えば,「title LIKE '%ぐり%' OR title LIKE '%ねこ%'」となります。
> 2 先頭に文字列を結合する「.」(ピリオド) があります。「OR」の前に半角スペースがあります。

10-5　例題5　2項目の AND 検索画面

複数のキーワードで, 題名と著者を AND 検索するものです。図 10-3 が実行例です。解答例はありません。検索画面を eken16.html とし, 処理先を eken16.php とします。処理先に渡すパラメタを tword, cword とします。eken16.php は例題 6 で作成します。

例題 6 を作成後, http://localhost/home535/eken16.html にアクセスしてテストします。

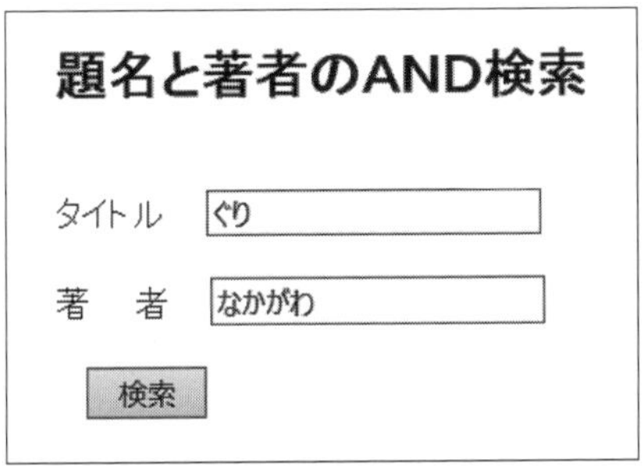

図 10-3　例題 5 の実行例

10–6 例題6 2項目のAND検索処理

例題5のeken16.htmlからパラメタを受け取って，検索し，結果を表示します。なお，「タイトル」か「著者」のいずれかを入力すればよいことにします。ファイル名はeken16.phpです。検索結果の実行例は，例題2と同様です。

http://localhost/home535/eken16.html にアクセスしてテストします。

eken16.php の例

```
<!DOCTYPE html>
<html>
<head> <meta charset="UTF-8">
 <title>eken16.php</title> </head>
<body>
<?php
  $hitno = 0;
  $tword = $_POST ['tword'] ;
  $cword = $_POST ['cword'] ;
  $dsn = "mysql:dbname=ehondb;host=localhost";
  $user = "lookdb";  $password = "muscat";
  $dbh = new PDO($dsn,$user,$password);
  $dbh -> query("SET NAMES utf8");
  $request = null;
  $keyno = 0;
1 if ($tword <> null and $cword <> null) {$keyno = 3;}
2 if ($tword <> null and $cword == null) {$keyno = 1;}
3 if ($tword == null and $cword <> null) {$keyno = 2;}
4 switch($keyno) {
5   case 1:
      $string1 = '%' . $tword . '%';
      $request = "SELECT * FROM tosho1 WHERE title LIKE '$string1'";
      break;
6   case 2:
      $string2 = '%' . $cword . '%';
      $request = "SELECT * FROM tosho1 WHERE chosha LIKE '$string2'";
```

```
  7         break;
         case 3:
            $string1 = '%' . $tword . '%';
            $string2 = '%' . $cword . '%';
            $request = "SELECT * FROM tosho1 WHERE title LIKE '$string1'"
                . " AND chosha LIKE '$string2'";
            break;
  8      default:
            echo "<br><br> ***キーワードが入力されていません***";
            exit;  }
  // 誤りを探す時 echo コマンドを使う。
    echo "SELECT 文は次のとおりです。<br><br>";
    echo $request,"<br><br>";
    echo " 検索結果 <br><br>";
    $stmt = $dbh -> prepare($request);
    $stmt -> execute();
    while ($data = $stmt -> fetch(PDO::FETCH_ASSOC)) {
       $rno = $data ['rno'] ;  $title = $data ['title'] ;
       $chosha = $data ['chosha'] ; $pub = $data ['pub'] ;
       $link = $data ['link'] ;
       echo "$rno )"," 題名：",$title," ／著者：",$chosha,
              " ／出版社：",$pub,"<br><br>";
       echo "<img src='$link' alt='$title' width=200>","<br> <br>";
       $hitno = $hitno + 1;
      }
    if ($hitno==0) { echo " <p> <br> *** 該当するものがありません。 </p>";}
    $dbh = null;
  ?>
  </body>
  </html>
```

解説

1-3　$keyno の値をセットします。両方が入力された時は 3，題名のみの時は 1，著者のみの時は 2 とします。これを，4 の行の Switch 文の条件として利用します。

4　$keyno（題名のみの時，著者のみの時，両者の時）で，5-7 の処理に分けます。

5-7　1〜3の値（題名のみの時，著者のみの時，両者の時）に応じて，SELECT文を作成します。

8　　題名と著者の両者が入力されていないので，メッセージを表示し，終了します。

 よくある誤りの例10

- Notice:Undefined index: kword Undefined variable: data in G:¥xampp¥htdocs¥home535¥eken16.php on line 9（$kwordが定義されていません）
  - → 例えば，下の例では，両者の名前があっていないのが原因です。後者の「$kword」を「$tword」に変えます。

eken16.html	パラメタの名前を tword と指定
eken16.php	パラメタの取りだす項目名を kword と指定

既作成のHTML文書やPHPプログラムを流用して作成することが多いので，修正しきれないことが多いようです。

第11講 PHP入門6／MySQL入門3：処理手順とフローチャート

11.1 フローチャートとは

　コンピュータで何らかの処理を行うには，プログラムが不可欠です。本書では，プログラミング言語に PHP を使っています。HTML も，ある意味，Web サイト作成のための「プログラミング」言語と言えなくもありません。

　一定の処理手順（のまとまり）ごとに，プログラムを作成（プログラミング）する際には，アルゴリズムやその技法に沿って行います。どのようにプログラミングするかという時に，フローチャート（流れ図）で処理手順を書くと，処理手順と内容が明確になりプログラミングしやすくなります。具体的なフローチャートの例は後述します。

　例えば，図 11-1 のような検索画面では，複数のキーワードが入力されますが，入力された項目とその内容に応じて，SQL の SELECT 文で検索条件を設定（セット）する必要があります。この概要についてまず説明します。

図 11-1　検索画面の例

この画面例で入力された検索キーワードを，パラメタとして受け取って検索する場合に必要な SQL の SELECT 文は，例えば，次のように設定します。検索対象は tosho2 ファイルとします。

  SELECT * FROM tosho2 WHERE title LIKE '% ぐり %' AND nen = '2007'

先頭部分の，「SELECT * FROM tosho2 WHERE」は共通していますので，入力された検索キーワードに従って検索条件である「title LIKE '%ぐり%' AND nen = '2007'」の部分をまず作成して，最後に，「SELECT * FROM tosho2 WHERE」を先頭に追加すれば，SELECT 文が完成します。WHERE の後ろに半角のスペースが不可欠です。これを忘れることが多いので注意してください。

キーワードが入力されない時，全件抽出するとすれば，

  SELECT * FROM tosho2

となります。

11.2 フローチャートの具体例

図 11-1 の検索画面のから，五つの項目について検索するための SELECT 文を作成する手順を，二つのフローチャートに分けて説明します。

先ず，初期設定と「No.」「題名」に関する手順のフローチャートを図 11-2 に示し，これに沿って説明します。

①入力されたキーワードを受け取ります。SELECT 文を $request に作成するために，この変数の初期値を null (「空」で，文字列がないことを意味します) とします

②「No.」にキーワードが入力されれば，この項目に関する検索条件を作成して，$request に代入します。入力されなければ，何もしません

③「題名」にキーワードが入力され，$request が null でなければ，この項目に関する検索条件を作成して，論理演算子の「AND」に続けて，検索条件を $request の後ろに追加します。この時，AND の前後に半角のスペースを挟んでおきます。$request が null であれば，この項目に関する検索条件を作成して，$request に代入します。入力されなければ，何もしません

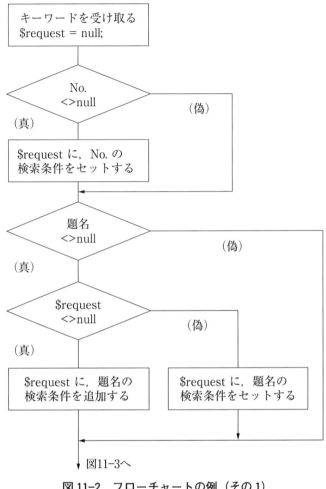

図 11-2　フローチャートの例（その1）

続きのフローチャートを図 11-3 に示します。「著者」「出版社」「出版年」の項目については，「題名」の項目と全く同様の手順ですので，これらの処理があることだけを示し，図 11-2 のようなフローも解説も省略します。ここでは，「出版年」の次から説明します。

① $request が null でなければ，検索条件が既に作成されていますので，$request の先頭に，「SELECT * FROM tosho2 WHERE」を追加します。WHERE の後ろに半角のスペースを挟みます

② $request が null であれば，検索条件がありませんので，$request に，「SELECT * FROM tosho2」を代入します

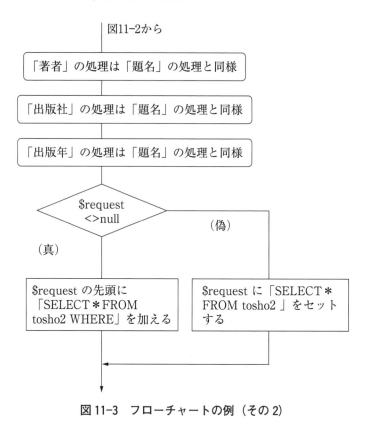

図 11-3　フローチャートの例（その 2）

演習 11　詳細検索

11-1　例題 1 複数項目の検索画面

　図 11-1 のような複数項目による検索です。検索画面は表形式とします。検索対象は tosho2 ファイルで，すべて AND 検索です。tosho2 の項目と例を表 11-1，表 11-2 に示します。

表 11-1　tosho2 ファイル項目

項目名	rno	title	chosha	pub	nen
内容	図書番号	題名	著者	出版社	出版年
文字数	数字 3 桁	漢字 50 字	漢字 25 字	漢字 20 字	英数 4 字

表 11-2　tosho2 の例

rno	title	chosha	pub	nen
1	11 ぴきのねこ	馬場のぼる著	こぐま社	1986
2	はらぺこあおむし　改訂新版	エリック=カールさく もりひさしやく	偕成社	1997
3	おばけのてんぷら	せなけいこ作・絵	ポプラ社	1976
4	おつきさまこんばんは	林明子さく	福音館書店	1986
5	わたしのワンピース	にしまきかやこえとぶん	こぐま社	1986

　検索画面のファイル名を eken21.html とし，処理先を eken21.php とします。処理先に

渡すパラメタ（キーワード）を，rword, tword, cword, pword, nword とします。実行例は図 11-1 です。eken21.php は例題 2 で作成します。

例題 2 を作成後，http://localhost/home535/eken21.html にアクセスしてテストします。

eken21.html の例

```
<!DOCTYPE html>
<html>
<head> <meta charset="UTF-8">
 <title>eken21.html</title> </head>
<body>
  <h2> 絵本検索 </h2>
  <form method="post" action="eken21.php">
  <table border="1">
1  <tr> <td> Ｎｏ．</td> <td><input type="text" name="rword"></td></tr>
2  <tr> <td> 題　名 </td> <td><input type="text" name="tword"></td></tr>
3  <tr> <td> 著　者 </td> <td><input type="text" name="cword"></td></tr>
4  <tr> <td> 出版社 </td> <td><input type="text" name="pword"></td></tr>
5  <tr> <td> 出版年 </td> <td><input type="text" name="nword"></td></tr>
  </table>
  <br>
  <input type="submit" value=" 検索 ">
  </form>
</body>
</html>
```

解説

1-5 引き渡すパラメタは，rword, tword, cword, pword, nword です。表の 1 列目に，見出しとして項目名を表示します。2 列目に，<input> タグで入力欄を設定し，また name 属性で引き渡す名前を指定します。

※ この例のように，<td></td> の間に，<input> タグを記述することで，表形式でパラメタ（ここでは，キーワード）を入力することができます。

11-2　例題2　複数項目の検索処理

例題1の eken21.html からパラメタを受け取り，検索し，結果を図11-4のように表形式で表示します。ファイル名は eken21.php です。http://localhost/home535/eken21.html にアクセスしてテストします。

No.	題　名	著　者	出版社	出版年
10	ぐりとぐらのえんそく	なかがわりえこ著　やまわきゆりこ著	福音館書店	1983
39	ぐりとぐらのかいすいよく	なかがわりえこ作　やまわきゆりこ絵	福音館書店	1977
42	ぐりとぐら	なかがわりえこ著　おおむらゆりこ著	福音館書店	1982
48	ぐりとぐらのおおそうじ	中川李枝子文　山脇百合子絵	福音館書店	2002
55	ぐりとぐらとすみれちゃん	中川李枝子文　山脇百合子絵	福音館書店	2003
79	ぐりとぐら	中川李枝子さく　大村百合子え	福音館書店	2007
93	ぐりとぐらとくるりくら	なかがわりえこさく　やまわきゆりえ	福音館書店	1992

図 11-4　検索結果の表示例

eken21.php の例

```
    <!DOCTYPE html>
    <html>
    <head> <meta charset="UTF-8">
     <title>eken21.php</title> </head>
    <body>
    <table border="1">
    <tr> <th>No.</th> <th> 題　名 </th> <th> 著　者 </th>
        <th> 出版社 </th><th> 出版年 </th></tr>
    <?php
     $hitno = 0;
1    $rword = $_POST ['rword'] ;
2    $tword = $_POST ['tword'] ;
3    $cword = $_POST ['cword'] ;
4    $pword = $_POST ['pword'] ;
5    $nword = $_POST ['nword'] ;
     $dsn = "mysql:dbname=ehondb;host=localhost";
```

```
         $user = "lookdb";  $password = "muscat";
         $dbh = new PDO($dsn,$user,$password);
         $dbh -> query("SET NAMES utf8");
  6      $request = null;
  7      if ($rword <> null)
  8         { $request = "rno = '$rword'"; }
  9      if ($tword <> null)
 10         { $string = '%' . $tword . '%';
            if ($request <> null)
               { $request = $request . " AND title LIKE '$string'"; }
 11         else { $request = "title LIKE '$string'"; } }
 12      if ($cword <> null)
            { $string = '%' . $cword . '%';
            if ($request <> null)
               { $request = $request . " AND chosha LIKE '$string'"; }
 13         else { $request = "chosha LIKE '$string'"; } }
 14      if ($pword <> null)
            { $string = '%' . $pword . '%';
            if ($request <> null)
               { $request = $request . " AND pub LIKE '$string'"; }
 15         else { $request = "pub LIKE '$string'"; } }
 16      if ($nword <> null)
            { $string = '%' . $nword . '%';
            if ($request <> null)
               { $request = $request . " AND nen LIKE '$string'"; }
 17         else { $request = "nen LIKE '$string'"; } }
 18      if ($request <> null)
            { $request = "SELECT * FROM tosho2 WHERE " . $request; }
 19      else { $request = "SELECT * FROM tosho2 "; }
         $stmt = $dbh -> prepare($request);
         $stmt -> execute();
         while ($data = $stmt -> fetch(PDO::FETCH_ASSOC)) {
            $title = $data ['title'] ;  $chosha = $data ['chosha'] ;
            $pub = $data ['pub'] ; $nen = $data ['nen'] ;
            $rno = $data ['rno'] ;
```

```
      echo "<tr> <td> $rno </td>";
      echo "<td> $title </td>";  echo "<td> $chosha </td>";
      echo "<td> $pub </td>";  echo "<td> $nen </td></tr>";
      $hitno = $hitno + 1;
    }
    if ($hitno==0) { echo " <p> <br> ***  該当するものがありません。</p>"; }
    $dbh = null;
 ?>
 </table>
 </body>
 </html>
```

解説

1-5	$_POST から，rword, tword, cword, pword, nword の値を取り出します。
6	$requert の初期値を null にします。つまり，$request をクリアします。
7-8	「No.」にキーワードが入力された場合，$request に，「rno = '$rword'」をセットします。
9-11	「題名」にキーワードが入力されていて，$request が null でなければ，$request に「AND title LIKE '$string'」を付加します。この時，AND の前後に半角のスペースを挟んでおきます。$request が null であれば，$request に「title LIKE '$string'」を代入します。
10	2 の行の $tword の前後に % を付けて $string に代入します。部分一致検索するために，% をつけるものです。

以下では，cword, pword, nword について同様の処理を行います。

12-13	「著者」にキーワードが入力され，$request が null でなければ，$request に「AND chosha LIKE '$string'」を付加します。この時，AND の前後に半角のスペースを挟んでおきます。 $request が null であれば，$request に「chosha LIKE '$string'」を代入します。
14-15	「出版社」にキーワードが入力され，$request が null でなければ，$request に「AND pub LIKE '$string'」を付加します。この時，AND の前後に半角のスペースを挟んでおきます。 $request が null であれば，$request に「pub LIKE '$string'」を代入します。
16-17	「出版年」にキーワードが入力され，$request が null でなければ，$request

に「AND nen LIKE '$string'」を付加します。この時，ANDの前後に半角のスペースを挟んでおきます。

$request が null であれば，$request に「nen LIKE '$string'」を代入します。

18-19　$request が null でなければ，$request の先頭に，「SELECT * FROM tosho2 WHERE 」を追加します。WHERE の後ろに半角のスペースを挟んでおきます。

$request が null であれば，検索条件がありませんので，全件抽出として，$request に，「SELECT * FROM tosho2」を代入します。

 よくある誤りの例 11

①検索画面から処理が進まない
　→　XAMPP を立ちあげていますか。ダブルクリックでテストしていませんか。
②検索結果が 0 件で，原因がよくわからない
　→　SELECT 文のファイル名を間違えていませんか。WHERE の後ろに半角スペースが抜けていませんか。検索条件の項目名を間違えていませんか。
③Fatal error: Uncaught exception 'PDOException' with message …… in F:¥xampp¥htdocs¥home028¥eken11test.php on line 14（重大なエラーです）
　→　「MySQL への接続など」に入力ミスがあることが多く，誤りが見つけにくいので，mysqlsample.txt からコピーしなおすことをお勧めします。
　→　XAMPP を立ち上げていない時，この類の「Fatal error」が表示されるパソコンもあります。
④文字化けする
　→　HTML や PHP を「ANSI」で保存していませんか。<meta> タグの charset の「UTF-8」が違っていませんか。

第4編

第12講　開発編1：OPACの仕組み
　演習12　OPAC

第13講　開発編2：貸出システムの仕組み
　演習13　貸出システム

第14講　開発編3：目録作成システムの仕組み
　演習14　目録作成システム

第15講　開発編4：簡略・詳細表示
　演習15　簡略・詳細表示

第16講　開発編5：CSSとインラインフレームによる
　　　　分割表示
　演習16　分割表示

第12講　開発編1：OPACの仕組み

12.1　複数のファイルにアクセス

　最近のOPACでは，図書を検索し，貸出状況や予約状況を表示し，予約処理等が行えるものが少なくありません。この講では，検索結果と貸出状況を表示する簡単なOPACを扱います。

　本講のOPACでは，ehondbデータベースのうち，貸出ファイル（kashi1）と図書ファイル2（tosho2）を使います。

　kashi1ファイルは，貸出の記録のファイルで，貸出ごとに新たに作成，返却後に変更されるファイルで，19レコードあります。一般的に，一定期間たてば，貸出済みのレコードは削除しますが，本書では削除しておりません。tosho2ファイルは，絵本データベースの検索用で100レコードあります。

　図書ファイルtosho2と貸出ファイルkashi1は，図12-1のように，図書番号で関係づけます。

貸出	図書番号	利用者番号	貸出日	期限日	返却日	貸出フラグ
	数字3桁	数字3桁	数字8桁	数字8桁	数字8桁	数字1桁

図書	図書番号	題名	著者	出版社	出版年
	数字3桁	漢字50文字	漢字25文字	漢字20文字	数字4桁

図12-1　ファイルの関係づけ

貸出ファイルの項目と例を表12-1, 表12-2に示します。図書ファイルの項目と例を表12-3, 表12-4に示します。

表12-1　kashi1の項目

項目名	rno	tid	uid	kashihi	henyotei	henhi	kashiflg
内容	一連番号	図書番号	利用者番号	貸出日	期限日	返却日	貸出フラグ
文字数	数字3桁	数字3桁	数字3桁	数字8桁	数字8桁	数字8桁	数字1桁

表12-2　kashi1の例

rno	tid	uid	kashihi	henyotei	henhi	kashiflg※
1	1	1	20200830	20200913		1
2	3	1	20200830	20200913		1
3	4	4	20200813	20200830	20200829	2

※貸出フラグ……0：未貸出　1：貸出中　2：返却済

表12-3　tosho2の項目

項目名	rno	title	chosha	pub	nen
内容	図書番号	題名	著者	出版社	出版年
文字数	数字3桁	漢字50字	漢字25字	漢字20字	英数4字

表 12-4　tosho2 の例

rno	title	chosha	pub	nen
1	11 ぴきのねこ	馬場のぼる著	こぐま社	1986
2	はらぺこあおむし　改訂新版	エリック＝カールさく もりひさしやく	偕成社	1997
3	おばけのてんぷら	せなけいこ作・絵	ポプラ社	1976
4	おつきさまこんばんは	林明子さく	福音館書店	1986
5	わたしのワンピース	にしまきかやこえとぶん	こぐま社	1986

12.2　OPAC の処理手順

12.2.1　図書ファイル tosho2 の検索

図書ファイル tosho2 を検索します。この SELECT 文は，例えば次のように記述します。
　　SELECT * FROM tosho2 WHERE title LIKE '% ぐり %'
これを変数 $request に代入して，

```
$request = "SELECT * FROM tosho2 WHERE title LIKE '%ぐり%'";
$stmt = $dbh -> prepare($request);
$stmt -> execute();
```

のように設定して，検索処理を実行します。ここまでは，第 11 講と同様です。

12.2.2　貸出ファイル kashi1 の検索と処理

　図書ファイルのヒットした各々のレコードについて，貸出ファイルを，貸出中かどうかも含めて検索します。図書番号を取り出し，$rno に代入します。この $rno を使って，貸出ファイルの図書番号 tid と貸出フラグ kashiflg が「1」のレコードを検索し，貸出中か否かを調べます。
　SELECT 文は次のようになります。
　　SELECT * FROM kashi1 WHERE kashiflg=1 AND tid = $rno

これを変数 $request2 に代入して，

```
$request2 = "SELECT * FROM kashi1 WHERE kashiflg=1 AND tid = $rno";
$stmt2 = $dbh -> prepare($request2);
$stmt2 -> execute();
```

のように設定して，検索処理を実行します。

前項と区別するために，$request2, $stmt2 と名称を変えます。この実行の結果，貸出ファイルがヒットすれば，貸出中ですから，「貸出中」を表示します。

12.2.3 複数ファイルの検索と処理

以上のように，SQL の実行と実行（検索）結果の取り出しは，複数のファイルを対象とすることができます。その場合，SELECT 文などの名称をそれぞれ別名にして，どのファイルを対象としているか明確に分けることが不可欠です。12.2.1 の $request, $stmt に対し，12.2.2 ではそれぞれ $request2, $stmt2 というように，対象とする SQL 文（ここでは SELECT 文）を明確に分けています。三つ以上のファイルについても，同様です。

演習 12　OPAC

12-1　例題 1 OPAC の検索画面

　図 12-2 のような検索画面を作成します。ファイル名を eken31.html とし，処理先を eken31.php とします。処理先に渡すパラメタ（キーワード）を，rword，tword，cword，pword，nword とします。eken31.html は演習 11-1 の eken21.html を流用して作成します。eken31.php は例題 2 で作成します。http://localhost/home535/eken31.html にアクセスしてテストします。

図 12-2　例題 1 の検索画面の例

```
eken31.html の例
<!DOCTYPE html>
<html>
<head> <meta charset="UTF-8">
 <title>eken31.html</title> </head>
<body>
  <h2> O P A C <br></h2>
  <form method="post" action="eken31.php">

（第 11 講の　eken21.html　と同じ部分は省略しました）

  </form>
</body>
</html>
```

12-2 例題 2 OPAC の検索処理

例題 1 の eken31.html からパラメタを受け取って検索処理をします。検索結果を図 12-3 のように表示します。ファイル名は eken31.php です。eken31.php は eken21.php を流用して作成します。

http://localhost/home535/eken31.html にアクセスしてテストします。

No.	題 名	著 者	出版社	出版年	貸出可否
10	ぐりとぐらのえんそく	なかがわりえこ著　やまわきゆりこ著	福音館書店	1983	貸出中
39	ぐりとぐらのかいすいよく	なかがわりえこ作　やまわきゆりこ絵	福音館書店	1977	
42	ぐりとぐら	なかがわりえこ著　おおむらゆりこ著	福音館書店	1982	貸出中
48	ぐりとぐらのおおそうじ	中川李枝子文　山脇百合子絵	福音館書店	2002	
55	ぐりとぐらとすみれちゃん	中川李枝子文　山脇百合子絵	福音館書店	2003	貸出中
79	ぐりとぐら	中川李枝子さく　大村百合子え	福音館書店	2007	
93	ぐりとぐらとくるりくら	なかがわりえこさく　やまわきゆりこえ	福音館書店	1992	

図 12-3　例題 2 の実行例

---

eken31.php の例

```
<!DOCTYPE html>
<html>
<head> <meta charset="UTF-8">
 <title>eken31.php</title> </head>
<body>
 <table border="1">
 <tr> <th>No.</th> <th> 題　名 </th> <th> 著　者 </th><th> 出版社 </th>
    <th> 出版年 </th><th> 貸出可否 </th></tr>
<?php

   (第 11 講の　eken21.php　と同じ部分は省略しました)

  while ($data = $stmt -> fetch(PDO::FETCH_ASSOC)) {
    $title = $data ['title'] ;  $chosha = $data ['chosha'] ;
    $pub = $data ['pub'] ; $nen = $data ['nen'] ;
    $rno = $data ['rno'] ;
```

```
          echo "<tr> <td> $rno </td>";
          echo "<td> $title </td>"; echo "<td> $chosha </td>";
          echo "<td> $pub </td>"; echo "<td> $nen </td>";
          $hitno = $hitno + 1;
2         $request2 = "SELECT * FROM kashi1 WHERE kashiflg=1 AND tid = $rno";
3         $stmt2 = $dbh -> prepare($request2);
4         $stmt2 -> execute();
5         if ($data2 = $stmt2 -> fetch(PDO::FETCH_ASSOC))
6              { echo "<td> 貸出中 </td>"; }
7            else { echo "<td></td>"; }
          echo "</tr>";
      }
      if ($hitno==0) { echo "<p><br> *** 該当するものがありません。</p>"; }
      $dbh = null;
    ?>
   </table>
   </body>
   </html>
```

解説

1　現在表示しようとしているレコードの図書番号を $data から取り出します。
2　貸出ファイルを検索するために，貸出フラグ（=1）と図書番号を検索条件とする SELECT 文を $requert2 に代入します。
3　$requst2 を SQL として準備します。
4　3 の行を実行します。
5-7　ヒットすれば，「貸出中」を表示します。ヒットしなければ，列を確保するため <td></td> のみを記述します。

12-3　例題 3 OPAC 簡易検索と処理

簡易検索による OPAC とその処理です。簡易検索の画面例を図 12-4 に示します。解答例はありません。簡易検索で検索できる項目は，題名，著者，出版社のみとします。パラメタは kword とします。

ファイル名は eken32.html と eken32.php とします。検索結果の表示例は，例題 2 と同じです。http://localhost/home535/eken32.html にアクセスしてテストします。

図 12-4　例題 3 の検索画面例

第13講　開発編2：
　　　　貸出システムの仕組み

13.1　貸出システム

　図書館システムのうち，基本的なものの一つに貸出システムがあります。貸出システムには，貸出，返却，更新，貸出状況表示等々がありますが，この講では「貸出」のみを扱います。管理ファイル（kanri6），貸出ファイル（kashi6），利用者ファイル（riyousha6），図書ファイル2（tosho6）を使用します。以下，使用するファイルの概要を示します。本講で使用するファイルは，演習13-1で元のファイルからコピーして作成します。

❶管理ファイル：kanri6（kanri1 をコピーしたもの）

　データベース ehondb 全体を管理するためのファイルです。管理ファイル（kanri6）の項目と例を表13-1，表13-2に示します。貸出処理を実行するごとに，貸出ファイルが1レコード増えます。これに合わせて，kmax の数が一つずつ増えます。

表 13-1　kanri6 の項目

項目名	tmax	kmax	umax	hizuke1	hizuke2
内容	tosho6 の レコード数	kashi6 の レコード数+1	riyousha6 の レコード数+1	貸出日の日付	返却期限の日付
文字数	数字3桁	数字3桁	数字3桁	数字8桁	数字8桁

表 13-2　kanri6 の例

tmax	kmax	umax	hizuke1	hizuke2
103	20	28	20200902	20200917

❷貸出ファイル：kashi6（kashi1をコピーしたもの）

貸出トランザクションのファイルです。貸出ファイル（kashi6）の項目と例を表13-3，表13-4に示します。貸出フラグは，「0：貸出なし」「1：貸出中」「2：返却済」です。tidで図書ファイルと，uidで利用者ファイルと関係づけています。

表13-3　kashi6の項目

項目名	rno	tid	uid	kashihi	henyotei	henhi	kashiflg
内容	一連番号	図書番号	利用者番号	貸出日	期限日	返却日	貸出フラグ
文字数	数字3桁	数字3桁	数字3桁	数字8桁	数字8桁	数字8桁	数字1桁

表13-4　kashi6の例

rno	tid	uid	kashihi	henyotei	henhi	kashiflg
1	1	1	20200830	20200913		1
2	3	1	20200830	20200913		1
3	4	4	20200813	20200830	20200829	2

❸利用者ファイル：riyousha6（riyousha1をコピーしたもの）

貸出のために登録された利用者のファイルです。利用者ファイル（riyousha6）の項目と例を表13-5，表13-6に示します。uidで貸出ファイルと関係づけています。

表13-5　riyousha6の項目

項目名	uid	umei	kno
内容	利用者番号	氏　　名	貸出冊数
文字数	数字3桁	漢字20字	数字3桁

表13-6　riyousha6の例

uid	umei	kno
1	安西水丸	0
2	加古里子	0

❹図書ファイル2：tosho6（tosho2をコピーしたもの）

図書ファイルです。図書ファイル2（tosho6）の項目と例を表13-7，表13-8に示します。rnoで貸出ファイルと関係づけています（tidではありません）。

表13-7　tosho6の項目

項目名	rno	title	chosha	pub	nen
内容	図書番号	題名	著者	出版者	出版年
文字数	数字3桁	漢字50字	漢字25字	漢字20字	英数4字

表13-8　tosho6の例

rno	title	chosha	pub	nen
1	11ぴきのねこ	馬場のぼる著	こぐま社	1986
2	はらぺこあおむし　改訂版	エリック＝カールさく　もりひさしやく	偕成社	1977
3	おばけのてんぷら	せなけいこ作・絵	ポプラ社	1978

13.2　貸出システムの処理手順

貸出システムの処理手順は，大概次のとおりです。

①利用者番号と図書番号が正しい番号で入力されたかどうかチェックします。そのために，利用者ファイルを利用者番号で，図書ファイルを図書番号で検索します

②利用者が利用者ファイルに登録されていれば，利用者番号と氏名を表示します。登録されていなければ，その旨のメッセージを表示して，処理全体を終了します

③図書番号が図書ファイルにあれば，題名，著者等を表示します。なければ，「図書番号が間違っています」旨のメッセージを表示して，処理全体を終了します

④この図書が貸出中かどうか，図書番号で貸出ファイルを検索します。貸出ファイルにあれば，「貸出中」ですので，何らかの処理ミスとしてエラーメッセージを表示して，処理全体を終了します

⑤貸出日と期限日を（このシステムでは）管理ファイルから取り出し，設定します（管理ファイルを検索します）

⑥貸出ファイルに，新規の貸出レコードを作成し追加します

⑦管理ファイルの貸出ファイルの件数（kmax）を+1し，変更します
⑧利用者ファイルの貸出冊数（kno）を+1し，変更します

13.3 使用するSQL

貸出システムでは，SQLとして，SELECT文，INSERT文，UPDATE文を使います。これらの例を表13-9に示します。参考までに，DELETE文も記載しました。

表13-9 SELECT文等

文	意味	使用例	処理内容
SELECT	検索	SELECT * FROM tosho1 　　WHERE title LIKE '%ぐり%'	tosho1のtitleに「ぐり」があるレコードの全項目を抽出します。
INSERT	新規作成	INSERT INTO tosho2 　(rno,title,chosha,pub,nen) 　(101,'きんぎょがにげた', 　'ごみたろう著','福音館書店', 　'1982')	tosho2に，1レコード追加します。最初のかっこに項目名を，2番目のかっこにそれぞれの値を，指定します。
UPDATE	更新	UPDATE tosho2 SET 　chosha='五味太郎著' 　　WHERE rno=101	tosho2のrnoが101のレコードのchosha項目を「五味太郎著」に更新します。
DELETE	削除	DELETE FROM tosho2 　　WHERE rno=101	tosho2のrnoが101のレコードを削除します。

13.4 貸出システムにおけるファイル検索・処理

13.2「貸出システムの処理手順」に沿って，各ファイルの検索・処理についてまとめて説明します。この講で初めて出てくる変数名，各コマンドの意味や説明等は演習問題の中で随時説明しますので，そちらを参照してください。

■1 開始：ehondb のオープン処理

先ずは，ehondb にアクセスてきるように利用宣言します（データベースへの接続，文字コードの設定等）。

```
// データベース ehondb の利用宣言
  $dsn = "mysql:dbname=ehondb;host=localhost";
  $user = "lookdb";  $password = "muscat";
  $dbh = new PDO($dsn,$user,$password);
  $dbh -> query("SET NAMES utf8");
```

■2 利用者ファイルを利用者番号で検索

入力された利用者番号で利用者ファイルを検索するための SQL を作成，実行し，該当するレコード取り出します。利用者番号は $uword です。

```
// 利用者の登録チェック
  $request1 = "SELECT * FROM riyousha6 WHERE uid = $uword";
  $stmt1 = $dbh -> prepare($request1);
  $stmt1 -> execute();
  $data1 = $stmt1 -> fetch(PDO::FETCH_ASSOC);
```

■3 図書ファイルを図書番号で検索

入力された図書番号で図書ファイルを検索するための SQL を作成，実行し，該当するレコード取り出します。図書番号は $tword です。

```
// 図書番号のチェック
  $request2 = "SELECT * FROM tosho6 WHERE rno = $tword";
  $stmt2 = $dbh -> prepare($request2);
  $stmt2 -> execute();
  $data2 = $stmt2 -> fetch(PDO::FETCH_ASSOC);
```

■4 図書番号で貸出ファイルを検索

入力された図書番号で貸出ファイルを検索するための SQL を作成，実行し，該当する

レコードの有無をチェックします。

```
// 貸出中かどうかチェック
$request3 = "SELECT * FROM kashi6 WHERE tid = $tword AND kashiflg = 1";
$stmt3 = $dbh -> prepare($request3);
$stmt3 -> execute();
if ($stmt3 -> fetch(PDO::FETCH_ASSOC))
```

5 管理ファイルを検索

管理ファイルを検索するための SQL を作成し，実行し，該当するレコードを取り出します。このファイルは 1 レコードですので，検索条件は必要ありません。

```
$request4 = "SELECT * FROM kanri6";
$stmt4 = $dbh -> prepare($request4);
$stmt4 -> execute();
$data4 = $stmt4 -> fetch(PDO::FETCH_ASSOC);
```

6 貸出ファイルに，新規の貸出レコードを追加

貸出ファイルに貸出レコードを追加するための SQL を作成し，実行します。

```
$request5 = "INSERT INTO kashi6  (rno,tid,uid,kashihi,henyotei,kashiflg)
        VALUE($kmax,$tword,$uword,$hizuke1,$hizuke2,1)";
$stmt5 = $dbh -> prepare($request5);
$stmt5 -> execute();
```

7 管理ファイルの修正（更新）

管理ファイルの貸出ファイル件数 kmax を変更するための SQL を作成し，実行します。

```
// 管理ファイルの貸出ファイルの件数 $kmax の変更
$kmax = $kmax + 1;
$request6 = "UPDATE kanri6 SET kmax = $kmax";
$stmt6 = $dbh -> prepare($request6);
```

```
$stmt6 -> execute();
```

8 利用者ファイルの修正（更新）します。

利用者ファイルの貸出ファイル件数 kno を変更するための SQL を作成し，実行します。

```
// 利用者ファイルの利用者の貸出冊数の変更
  $kno = $kno + 1;
  $request7 = "UPDATE riyousha6 SET kno = $kno WHERE uid = $uword";
  $stmt7 = $dbh -> prepare($request7);
  $stmt7 -> execute();
```

9 終了：ehondb のアクセス終了処理

```
// データベースへのアクセス終了
  $dbh = null;
```

演習 13　貸出システム

13-1　例題 1　貸出画面

以下の操作を行って演習で使用するファイルを作成します。作成方法は，付録 3 を参照してください。

　① kanri1 をコピーし，kanri6 を作成します
　② kashi1 をコピーし，kashi6 を作成します
　③ riyousha1 をコピーし，riyousha6 を作成します
　④ tosho2 をコピーし，tosho6 を作成します

図 13-1 のように，利用者番号と図書番号を入力する画面を作成します。ファイル名を esys11.html とします。処理先を esys11.php とします。処理先に渡すパラメタを，uword，tword とします。esys11.php は例題 2 で作成します。

例題 2 を作成後，http://localhost/home535/esys11.html にアクセスしてテストします。

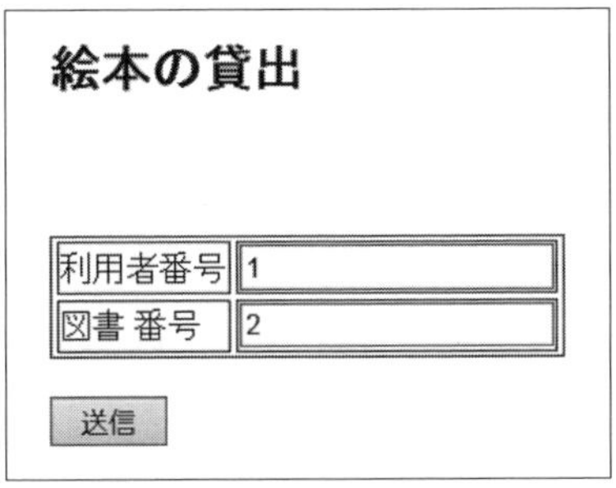

図 13-1　例題 1 の実行例

esys11.html の例

```html
<!DOCTYPE html>
<html>
<head> <meta charset="UTF-8">
 <title>csys11.html</title> </head>
<body>
  <h2> 絵本の貸出 <br>  </h2>
1 <form method="post" action="esys11.php">
  <table border="1">
2 <tr> <td> 利用者番号 </td> <td><input type="text" name="uword"></td></tr>
3 <tr> <td> 図書番号 </td> <td><input type="text" name="tword"></td></tr>
  </table>
  <br>
  <input type="submit" value=" 送信 ">
  </form>
</body>
</html>
```

解説

1 送信は post メソッドで，処理先を esys11.php とします．
2 パラメタ uword を処理先に渡します．
3 パラメタ tword を処理先に渡します．

13-2　例題 2　貸出処理

　例題 1 の esys11.html から利用者番号（uword）と図書番号（tword）を受け取り，利用者ファイル，図書ファイルを検索し，貸出ファイルに新たな貸出レコードを作成し追加します．さらに，管理ファイルを更新します．実行結果を図 13-2 に示します．

　ファイル名を esys11.php とします．解答例では各処理手順を開始するところに，適宜，// から始まるコメント行として簡単な説明を加えてあります．なお，if やコマンドなどの途中には，コメント行は挿入できませんので注意してください（エラーとなります）．コメントを入力せず行を空けるだけでもわかりやすいかも知れません．

　http://localhost/home535/esys11.html にアクセスしてテストします．

> 利用者【1】／氏名【安西水丸】
>
> 題名【はらぺこあおむし 改訂新版】／著者【エリック＝カールさく もりひさしやく】
>
> 返却日【20200917】です。

図 13-2　例題 2 の実行結果

---

esys11.php の例

```
<!DOCTYPE html>
<html>
<head> <meta charset="UTF-8">
 <title>esys11.php</title> </head>
<body>
<?php
// 貸出システムでは kanri6 kashi6 riyousha6 tosho6 を使用します。
// キーワードの受け取り と チェック
  $uword = $_POST ['uword'] ;
  $tword = $_POST ['tword'] ;
```
1 `if ($uword == null or $tword == null )`
2 `  { echo "<br> ＊＊利用者番号，図書番号の両方入力してください。"; exit; }`
```
// データベース ehondb の利用宣言
  $dsn = "mysql:dbname=ehondb;host=localhost";
  $user = "lookdb";  $password = "muscat";
  $dbh = new PDO($dsn,$user,$password);
  $dbh -> query("SET NAMES utf8");
// 利用者の登録チェック
```
3 `$request1 = "SELECT * FROM riyousha6 WHERE uid = $uword";`
```
  $stmt1 = $dbh -> prepare($request1);
  $stmt1 -> execute();
  $data1 = $stmt1 -> fetch(PDO::FETCH_ASSOC);
```
4 `if ($data1 == FALSE)`
5 `  { echo " 利用者番号がありません。"; exit; }`
```
// 利用者番号と氏名の表示
  $umei = $data1 ['umei'] ; $kno = $data1 ['kno'] ;
  echo " 利用者【 $uword 】／ 氏名【 $umei 】 <br> <br>";
// 図書番号のチェック
```

6	$request2 = "SELECT * FROM tosho6 WHERE rno = $tword";
	$stmt2 = $dbh -> prepare($request2);
	$stmt2 -> execute();
	$data2 = $stmt2 -> fetch(PDO::FETCH_ASSOC);
7	if ($data2 == FALSE)
8	{ echo " 該当する図書がありません。番号を確かめてください。"; exit; }
	// 図書の題名と著者の表示
	$title = $data2 ['title'] ;
	$chosha = $data2 ['chosha'] ;
	echo " 題名 【 $title 】 ／ 著者 【 $chosha 】 ";
	// 貸出中かどうかチェック
9	$request3 = "SELECT * FROM kashi6 WHERE tid = $tword AND kashiflg = 1";
	$stmt3 = $dbh -> prepare($request3);
	$stmt3 -> execute();
10	if ($stmt3 -> fetch(PDO::FETCH_ASSOC))
11	{ echo " 既に借り出されています。
12	返却処理がうまくいっていない可能性があります。"; exit; }
	// 貸出日と返却日のセット
13	$request4 = "SELECT * FROM kanri6";
	$stmt4 = $dbh -> prepare($request4);
	$stmt4 -> execute();
14	$data4 = $stmt4 -> fetch(PDO::FETCH_ASSOC);
15	$kmax = $data4 ['kmax'] ;
16	$hizuke1 = $data4 ['hizuke1'] ;
17	$hizuke2 = $data4 ['hizuke2'] ;
	echo " 返却日 【 $hizuke2 】 です。 ";
	// 貸出トランザクションの新規作成
18	$request5 = "INSERT INTO kashi6
19	(rno,tid,uid,kashihi,henyotei,kashiflg)
20	VALUE($kmax,$tword,$uword,$hizuke1,$hizuke2,1)";
21	$stmt5 = $dbh -> prepare($request5);
22	$stmt5 -> execute();
	// 管理ファイルの貸出ファイルの件数 $kmax の変更
23	$kmax = $kmax + 1;
24	$request6 = "UPDATE kanri6 SET kmax = $kmax";

```
25    $stmt6 = $dbh -> prepare($request6);
26    $stmt6 -> execute();
      // 利用者ファイルの利用者の貸出冊数の変更
27    $kno = $kno + 1;
28    $request7 = "UPDATE riyousha6 SET kno = $kno WHERE uid = $uword";
29    $stmt7 = $dbh -> prepare($request7);
30    $stmt7 -> execute();
      // データベースへのアクセス終了
      $dbh = null;
      ?>
      </body>
      </html>
```

解説

1-2 利用者番号と図書番号の両方が入力されているかどうかチェックし，入力されていない時はメッセージを出して，処理全体を終了します。
処理全体の（強制的な）終了には exit コマンドを使います。

3-5 入力された利用者番号で利用者ファイル riyousha6 を検索する SELECT 文を作成し，実行します。ヒットしなければ，メッセージを表示して処理を終了します。4 の行の条件は，「$data1 == FALSE」ですが，「FALSE」は，「偽」のことで，この条件は「検索できなかったら」という意味です。なお，5 の行（の次々行）で受け取った $kno は，27，28 の行で使用します。

6-8 入力された図書番号で図書ファイル tosho6 を検索する SELECT 文を作成し，実行します。ヒットしなければ，メッセージを表示して処理を終了します。「ヒットしなければ」という条件は，「$data2 == FALSE」ですが，その前の行の「$data2 = $stmt2 -> fetch(PDO::FETCH_ASSOC);」で，レコードを取り込めなければ，$data2 が，「FALSE」となります。

9-12 図書番号と貸出フラグで，貸出ファイル kashi6 を検索する SELECT 文を作成し，実行します。ヒットしたら，「既に貸出中」ですので，エラーメッセージを表示して処理を終了します。

13 管理ファイルは 1 レコードだけですので，管理ファイル kanri6 を全件検索する SELECT 文を作成し，実行します。

14-17 1 レコードを受け取り，貸出日，返却期限日をセットします。なお，15 の行

　　　　で受け取った $kmax は，23，24 の行で使用します．
18–22　貸出ファイル kashi6 に，1 レコード新規作成するための INSERT 文を作成し，実行します．
23–26　貸出ファイルのレコード件数に 1 を足し，管理ファイル kanri6 の貸出ファイルのレコード数（kmax）を更新する UPDATE 文を作成し，実行します．管理ファイルは 1 レコードだけとわかっていますので，WHERE 以下は必要ありません．
27–30　貸出冊数に 1 を足し，利用者ファイル riyousha6 の貸出冊数（kno）を更新する UPDATE 文を作成し，実行します．

第14講　開発編3：
　　　　目録作成システムの仕組み

14.1　目録システム

　図書館業務システムのうち，基本的なものの一つに目録作成システムがあります。目録作成システムでは，新規作成，流用入力，更新，削除等の処理が必要です。すべて扱うのは難しいので，この講では更新処理に限定します。
　目録作成システムの更新処理では，図書ファイル3のtosho7を使用します。

■図書ファイル3：tosho7（tosho3をコピーしたもの）
　図書ファイル3の項目，例を表14-1，表14-2に示します。

表14-1　tosho7の項目

項目名	rno	title	chosha	pub	nen
内容	図書番号	題名	著者	出版者	出版年
文字数	数字3桁	漢字50字	漢字25字	漢字20字	英数4字

表14-2　tosho7の項目

rno	title	chosha	pub	nen
1	11ぴきのねこ	馬場のぼる著	こぐま社	1986
2	はらぺこあおむし　改訂版	エリック＝カールさく　もりひさしやく	偕成社	1977
3	おばけのてんぷら	せなけいこ作・絵	ポプラ社	1978

14.2　目録システム（更新処理）の処理手順

目録システムのうち，更新処理の手順は，大概次のとおりです。
①図書ファイル tosho7 を検索する画面を作成し，入力キーワードで検索を行います
②検索結果を表示し，その中から更新レコードを選択する画面を作成します
③選択されたレコードについて，更新画面を表示します
④更新画面で更新されたデータを次の更新処理に引き渡します
⑤図書ファイルの該当するレコードを更新します

14.3　更新画面の作成方法（簡略化した例）

本講では，修正したいレコードを検索して，入力画面に表示して修正したうえでレコードを更新する演習を行います。ここでは，前節の③について簡略化した更新画面の例で説明します。

図14-1 は，題名の「ぐりとぐら」を「ぐりとぐらのえんそく」に変える例です。

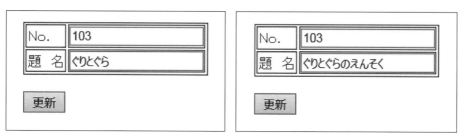

図14-1　更新前の画面（左）と更新後の画面（右）

次の HTML 文書は，図 14-1 の左の「更新前の画面」を表示し，右のように更新後，「更新」ボタンをクリックすると，更新処理先（演習では esys212.php）に更新データをパラメタとして引き渡します。処理先では，このパラメタを受け取って更新処理をします。

この「更新前の画面」例を HTML 文書で作成するとすれば，次のようになります。

14.3 更新画面の作成方法（簡略化した例）

更新前の画面例

```
  <form method="post" action="esys212.php">
   <table border='1'>
    <tr> <td>No. </td> <td>
       <input type="text" name="rword" value="103"></td></tr>
1   <tr> <td> 題　名 </td> <td>
2      <input type="text" name="tword" value=" ぐりとぐら "></td></tr>
   </table>   <br>
   <input type="submit" value=" 更新 " >
  </form>
```

解説

1-2 修正前の画面の 2 の行の左に「題　名」を表示し，右の入力欄に <input> タグで記述します。name 属性で，入力欄の変数名 tword を指定します。value 属性で，初期値（この例では「ぐりとくら」）を表示します。

図 14-1 の左のように表示された題名の「ぐりとぐら」を右のように「ぐりとぐらのえんそく」に変更して，「更新」ボタンをクリックすると，前節の④，⑤の更新処理に移ることになります。

演習問題では，更新画面を PHP で作成します。検索した結果を変数として利用するためです。そのため，上のような HTML を，echo タグを使って出力することになります。例えば，1・2 の行は次のように作成します。

　　　echo "<tr> <td>題　名</td> <td>
　　　<input type='text'　name='tword'　value='ぐりとぐら'></td></tr>";

このうち，value 属性の値は，この例では固定ですが，実際は固定されたものではなく，検索結果，どのレコードを修正するかによって異なります。PHP では，これを変数で記述することで実現します。" " の中に「"」は記述できませんので，「'」か「¥"」に替えます。「'」，「"」はそのまま文字列として扱われます。

演習 14　目録作成システム

14-1　例題 1　検索画面

　まず，準備として tosho3 をコピーして，tosho7 を作成します。コピー方法は，付録 3 を参照してください。
　例題 1 では，図 14-2 のような多項目の検索画面を作成します。
　ファイル名を esys21.html とします。次の処理先を esys21.php とします。処理先に渡すパラメタ（キーワード）を，rword, tword, cword, pword, nword とします。esys21.php は例題 2 で作成します。
　http://localhost/home535/esys21.html にアクセスしてテストします。

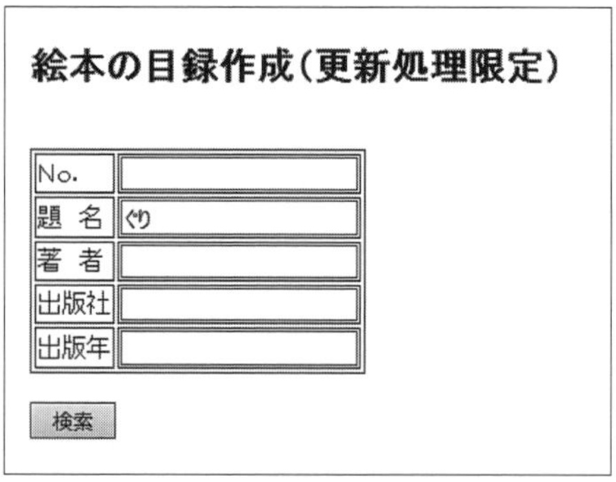

図 14-2　検索画面

esys21.html の例

```
<!DOCTYPE html>
<html>
<head> <meta charset="UTF-8">
```

```
 <title>esys21.html</title> </head>
<body>
  <h2> 絵本の目録作成（更新処理限定）<br></h2>
  <form method="post" action="esys21.php">

  （第 11 講の　eken21.html　と同じ部分を省略しました）

  </form>
</body>
</html>
```

14-2　例題 2 検索結果・更新レコード選択画面

例題 1 の esys21.html から検索キーワードを受け取り，検索処理をします。ファイル名は，esys21.php です。検索結果をラジオボタン付きで，図 14-3 のように表示し，更新レコード番号を選択できるようにします。選択したレコード番号（recno）を次の処理先 esys211.php に渡します。ラジオボタンは，あらかじめ最後のレコードを選択した状態にセットしています。esys211.php は例題 3 で作成します。

http://localhost/home535/esys21.html にアクセスしてテストします。

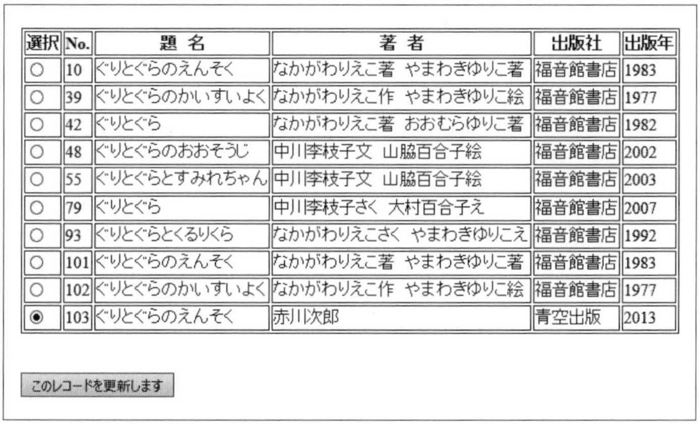

選択	No.	題 名	著 者	出版社	出版年
○	10	ぐりとぐらのえんそく	なかがわりえこ著　やまわきゆりこ著	福音館書店	1983
○	39	ぐりとぐらのかいすいよく	なかがわりえこ作　やまわきゆりこ絵	福音館書店	1977
○	42	ぐりとぐら	なかがわりえこ著　おおむらゆりこ著	福音館書店	1982
○	48	ぐりとぐらのおおそうじ	中川李枝子文　山脇百合子絵	福音館書店	2002
○	55	ぐりとぐらとすみれちゃん	中川李枝子文　山脇百合子絵	福音館書店	2003
○	79	ぐりとぐら	中川李枝子さく　大村百合子え	福音館書店	2007
○	93	ぐりとぐらとくるりくら	なかがわりえこさく　やまわきゆりこえ	福音館書店	1992
○	101	ぐりとぐらのえんそく	なかがわりえこ著　やまわきゆりこ著	福音館書店	1983
○	102	ぐりとぐらのかいすいよく	なかがわりえこ作　やまわきゆりこ絵	福音館書店	1977
◉	103	ぐりとぐらのえんそく	赤川次郎	青空出版	2013

図 14-3　選択画面

esys21.php の例

```
<!DOCTYPE html>
<html>
<head> <meta charset="UTF-8">
 <title>esys21.php</title> </head>
<body>
 <table border="1">
 <tr><th> 選択 </th><th>No.</th> <th> 題　名 </th>
    <th> 著　者 </th><th> 出版社 </th><th> 出版年 </th></tr>
 <?php

  （第 11 講の　eken21.php　と同じ部分を省略しました）
```

```
1   if ($request <> null)
2     { $request = "SELECT * FROM tosho7 WHERE " . $request; }
3     else { $request = "SELECT * FROM tosho7 "; }
4   echo "<form method=¥"post¥" action=¥"esys211.php¥">";
    $stmt = $dbh -> prepare($request);
    $stmt -> execute();
    while ($data = $stmt -> fetch(PDO::FETCH_ASSOC)) {
      $title = $data ['title'] ;  $chosha = $data ['chosha'] ;
      $pub = $data ['pub'] ; $nen = $data ['nen'] ;
      $rno = $data ['rno'] ;
      echo "<tr> <td>
5          <input type=¥"radio¥" name=¥"recno¥" value=¥"$rno¥"
6             checked=¥"checked¥"></td>";
      echo "<td>$rno</td>";
      echo "<td> $title </td>"; echo "<td> $chosha </td>";
      echo "<td> $pub </td>"; echo "<td> $nen </td>";
      echo "</td> </tr>";
      $hitno = $hitno + 1;
    }
   if ($hitno==0)
    { echo "<br><br> ***　該当するものがありません ";
      exit; }
```

```
    echo "</table>";
    echo "<br><br><input type=¥"submit¥"
        value=¥" このレコードを更新します ¥" ><br><br>";
    echo "</form>";
    $dbh = null;
?>
</body>
</html>
```

> **解説**
>
> 1-3 入力されたキーワードに従って，図書ファイル tosho7 を検索するための SELECT 文を作成します。
>
> 4   `<form>` タグで，処理先を esys211.php とします。¥" は，ダブルクォーテーションの中に " を記述するために，「¥」を付加するものです。
>
> 5-6 ラジオボタンをセットします。checked 属性でレコードをあらかじめ選択しておくことができます。最後のレコードまで checked 属性を指定しますので，最後のレコードをあらかじめ選択したことになります。ラジオボタンで選択された番号（value の値）を，recno というパラメタ名で esys211.php に渡します。

14-3　例題 3 更新画面

例題 2 の esys21.php から，選択されたレコード番号を受け取り，このレコード番号のレコードの更新画面を，図 14-4 のように作成します。ファイル名は esys211.php です。

「No.」は，変更できないように設定します。データ更新後に，この更新データを更新処理先 esys212.php に渡します。esys212.php は例題 4 で作成します。

http://localhost/home535/esys21.html にアクセスしてテストします。

第 14 講　開発編 3：目録作成システムの仕組み

図 14-4　更新画面

esys211.php の例

```
   <!DOCTYPE html>
   <html>
   <head> <meta charset="UTF-8">
    <title>esys211.php</title> </head>
   <body>
   <?php
     $hitno = 0;
     $recno = $_POST ['recno'] ;
     $dsn = "mysql:dbname=ehondb;host=localhost";
     $user = "lookdb";  $password = "muscat";
     $dbh = new PDO($dsn,$user,$password);
     $dbh -> query("SET NAMES utf8");
 1   $request = "SELECT * FROM tosho7 WHERE rno='$recno'";
 2   echo "<form method=¥"post¥" action=¥"esys212.php¥">";
 3   $stmt = $dbh -> prepare($request);
 4   $stmt -> execute();
 5   $data = $stmt -> fetch(PDO::FETCH_ASSOC);
 6   $title = $data ['title'] ;  $chosha = $data ['chosha'] ;
 7   $pub = $data ['pub'] ; $nen = $data ['nen'] ;
 8   $rno = $data ['rno'] ;
 9   echo "<table border='1'>";
10   echo "<tr> <td>No.  </td> <td><input type='text'
11       name='rword' value='$rno' size=3 readonly='readonly'></td></tr>";
12   echo "<tr> <td> 題　名 </td> <td><input type='text'
13       name='tword' value='$title' size=100></td></tr>";
```

```
14   echo "<tr> <td> 著　者 </td> <td><input type='text'
15       name='cword' value='$chosha' size=100></td></tr>";
16   echo "<tr> <td> 出版社 </td> <td><input type='text'
17       name='pword' value='$pub' size=40></td></tr>";
18   echo "<tr> <td> 出版年 </td> <td><input type='text'
19       name='nword' value='$nen' size=4></td></tr>";
20   echo "</table>";
21   echo "<input type=¥"submit¥" value=¥" 更新します ¥" >";
22   echo "</form>";
     $dbh = null;
   ?>
   </body>
   </html>
```

解説

1	受け取った図書番号（recno）で，tosho7 を検索する SELECT 文を作成します。
2	<form> タグで，処理先を esys212.php とします。 PHP 内なので，echo コマンドで出力するスタイルをとります。
3-8	1 の行の SQL 文を実行し，各項目の値を取り出します。
9-22	図 14-4 のような表形式とします。
10-11	No. の項目の入力エリアと引き渡すためのパラメタを name 属性で rword と設定します。value 属性で，8 の行で受け取った $rno の値を表示します。この項目だけは，readonly 属性を指定することで，変更不可とします。 size 属性で表示できる最大の文字数を指定します。
12-13	題名の修正を行えるようセットします。value 属性で，6 の行で受け取った $title の値を表示します。size 属性で表示・入力できる最大の文字数を指定します。14～19 の行も同様です。
14-15	著者の修正を行えるよう表示します。
16-17	出版社の修正を行えるよう表示します。
18-19	出版年の修正を行えるよう表示します。
21	各項目を修正後，「更新します」をクリックすると，修正しない項目も含めて，全項目を更新処理先に引き渡します。

14-4　例題 4　更新処理

例題 3 の esys211.php から，更新データを受け取り，更新処理をします。ファイル名は esys212.php です。実行結果として，図 14-5 のようなメッセージを表示します。正しく更新されたかどうかは，「http://localhost/phpmyadmin」にアクセスして，tosho7 を確認してみてください。

http://localhost/home535/esys21.html にアクセスしてテストします。

```
****** 更新しました。*****
```

図 14-5　更新メッセージ

esys212.php の例
```
<!DOCTYPE html>
<html>
<head> <meta charset="UTF-8">
 <title>esys212.php</title> </head>
<body>
<?php
  $rword = $_POST ['rword'];   $tword = $_POST ['tword'];
  $cword = $_POST ['cword'];   $pword = $_POST ['pword'];
  $nword = $_POST ['nword'];
  $dsn = "mysql:dbname=ehondb;host=localhost";
  $user = "lookdb";  $password = "muscat";
  $dbh = new PDO($dsn,$user,$password);
  $dbh -> query("SET NAMES utf8");
1 $request = "UPDATE tosho7 SET
2    title = '$tword', chosha = '$cword',
3    pub = '$pword', nen = '$nword' WHERE rno = '$rword'";
4 $stmt = $dbh -> prepare($request);
5 $stmt -> execute();
  $dbh = null;
```

```
  echo "<br><br>****** 更新しました。*****";
?>
</body>  </html>
```

解説

1-5 更新されたレコードを更新するために，UPDATE 文を作成し，実行します。ここでは，どの項目が更新されたかどうかは判断せず，全項目とも更新するという方式を採用しました。

2-3 UPDATE 文は，項目ごとに title='$tword' というように，項目名とその値を＝で挟んで指定します。値は，' でくくります。値は変数で記述していますが，実行段階で更新された文字列になります。複数項目間はカンマで繋ぎます。

第15講　開発編4：簡略・詳細表示

15.1　簡略表示と詳細表示

図 15-1，図 15-2 のように，①検索画面でキーワードを入力し，その検索結果を②簡略

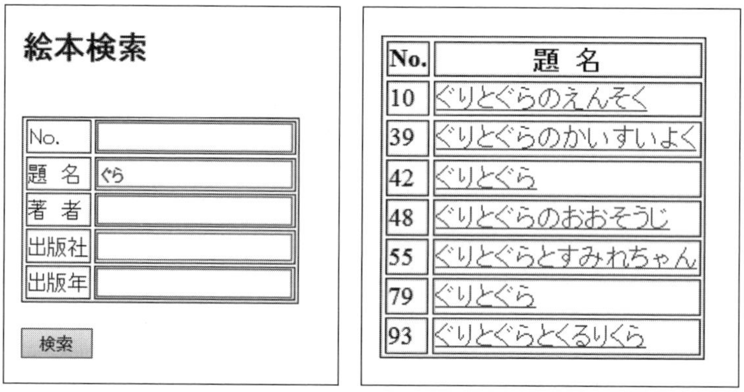

図 15-1　①検索画面と②簡略表示画面例（⇒ 3 番目をクリック）

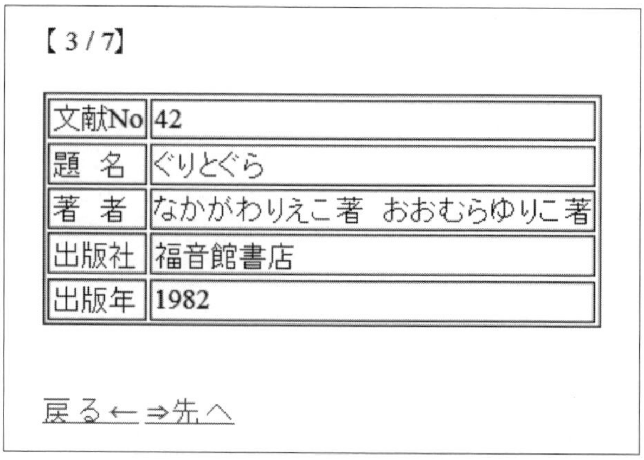

図 15-2　③詳細表示画面例（⇒「戻る←」か「⇒先へ」をクリック）

表示し，その一つをクリックして，③詳細表示する．さらに，②の簡略表示まで戻ることなく，前後のレコードの詳細表示を行うことが少なくないようです．本講では，図書ファイル2（tosho2）を検索対象とした簡略・詳細表示例を扱います．

③詳細表示では，「戻る←」か「⇒先へ」をクリックすることで，次のように，移動を自由に行うことができるようにします．図15-3では，2番目のレコードから，「⇒先へ」を繰り返すことで，7番目のレコードを表示します．

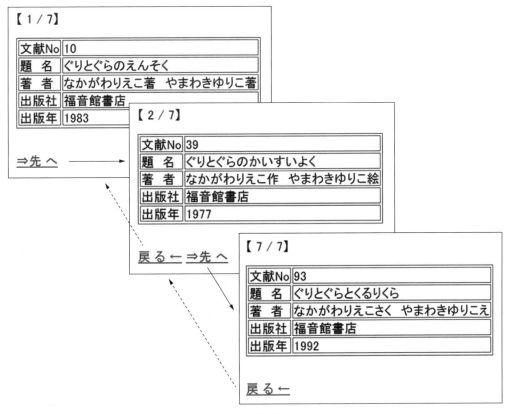

図15-3　移動の例

15.2　詳細表示での技法

③の詳細表示は，クリックボタン以外は，同じ形式の詳細表示なので，この詳細表示を一つのプログラムで作成する技法（「再帰呼び出し」）を，この講では採用します．

クライアント側で検索キーワードの入力と送信を行う（①の処理）と，Webサーバ側で検索処理を行い，簡略表示します（②の処理）．クライアント側で詳細表示したいレ

コードを選択する（クリック）すると，Web サーバ側で改めて検索処理を行い，詳細表示します（③の処理）。クライアント側で「戻る←」か「⇒先へ」をクリックすると，前か後のレコードを検索して詳細表示します（③の処理）。

　本講では，このように③の処理を，②の処理からも，③の処理自身からもリンクを張る（呼び出す）ことが可能な，自分自身を再帰的に呼び出す技法を採用しています。

　②の処理プログラムから，③の処理プログラムから自分自身の③のプログラムを呼び出す時に，検索キーワード，その他のパラメタを受け渡しします。このパラメタは，検索式（SELECT 文），ヒット件数，表示開始シフト数です。パラメタの引き渡しは，<a> タグの get メソッドを用います。演習問題で作成する eken51.php プログラムの中に次のようにリンク先を再帰的に，自分自身の eken51.php を指定します。……にパラメタを引き渡す記述を加えます。

　　　　<a href="eken51.php……" >

15.3　get メソッドによるパラメタの受け渡し

　パラメタの受け渡しは，<form> タグの get メソッドでなく，<a> タグの href 属性で指定する送信先に続けてパラメタを記述する方法で行います。次のように記述し，送信先では $_GET でパラメタを受け取ります。

　　　　<a href="eken51.php?offno=$hitno&maxno=$maxno&request=$request2" >

　パラメタは，URL の後に，? に続けて，属性=値　&　属性=値　& ……というように指定します。この例では，三つのパラメタを指定しています。シフト数の offno，ヒット件数の maxno，検索式の request は，引き渡すときのパラメタの名前です。$hitno，$maxno，$requet2 はそれらの値（がセットされた変数）です。? の後ろや = の前に半角スペースを挟むと，うまくいきませんので，注意してください。

　<a> タグで，get メソッドのパラメタを渡す時，パラメタの値に英数以外を含めるとパソコンの環境によっては文字化けするようです。文字化けを避けるために，次の処理を行います。リンク元で，urlencode 関数を使って，

　　　　$request2 = urlencode($request);

のように，非英数文字を「%」（パーセント記号）に続けて，2 桁の英数字に置き換えます。例えば，「%ぐり%」は，「%」も含めて，「%27%25%E3%81%90%E3%82%8A%25%27」に変換されます。

演習 15　簡略・詳細表示

15–1　例題 1　検索画面

図 15-4 のような複数の項目で検索する画面を作成します。

ファイル名を eken5.html とします。リンク先を eken50.php とします。リンク先に渡すパラメタ（キーワード）を，rword，tword，cword，pword，nword とします。eken50.php は例題 2 で作成します。

http://localhost/home535/eken5.html にアクセスしてテストします。

図 15-4　検索画面

eken5.html の例

```
<!DOCTYPE html>
<html>
<head> <meta charset="UTF-8">
 <title>eken5.html</title> </head>
<body>
  <h2> 絵本検索 </h2>
  <form method="post" action="eken50.php">

 （第 11 講の eken21.html と同じ部分は省略しました）

  </form>
</body>
</html>
```

15-2　例題2　検索処理・簡略表示

例題1のeken5.htmlから検索キーワード（rword，tword，cword，pword，nword）を受け取って，tosho2を検索し，その結果を図15-5のように簡略表示します。簡略表示の特定のレコードをクリックすると，次のリンク先で詳細表示するようにします。

ファイル名をeken50.phpとし，リンク先をeken51.phpとします。リンク先に，表示開始シフト数，ヒット件数，検索式（SELECT文）をパラメタとして渡します。表示開始シフト数はoffno，ヒット件数はmaxno，検索式はrequestです。これらのパラメタは，eken51.phpで改めて検索し，どのレコードを表示するかを指定するためのものです。eken51.phpは例題3で作成します。

http://localhost/home535/eken5.html にアクセスしてテストします。

No.	題　名
10	ぐりとぐらのえんそく
39	ぐりとぐらのかいすいよく
42	ぐりとぐら
48	ぐりとぐらのおおそうじ
55	ぐりとぐらとすみれちゃん
79	ぐりとぐら
93	ぐりとぐらとくるりくら

図 15-5　簡略表示

eken50.php の例
```
<!DOCTYPE html>
<html>
<head> <meta charset="UTF-8">
 <title>eken50.php</title> </head>
<body>
 <table border="1">
  <tr> <th>No.</th> <th> 題　名 </th>
```

```
<?php

  (第 11 講の　eken21.php　と同じ部分を省略しました)

  $stmt = $dbh -> prepare($request);
  $stmt -> execute();
  $maxno=0;
1 while ($data = $stmt -> fetch(PDO::FETCH_ASSOC)) { $maxno=$maxno + 1; }
  $stmt = $dbh -> prepare($request);
  $stmt -> execute();
  while ($data = $stmt -> fetch(PDO::FETCH_ASSOC)) {
    $title = $data ['title'] ;
    $rno = $data ['rno'] ;
    echo "<tr> <td> $rno </td>";
2   $request2 = urlencode($request);    // 文字化けを避けるために
3   echo "<td>
4     <a href=¥"eken51.php?offno=$hitno&maxno=$maxno&request=$request2¥">
5       $title </a> </td> </tr> ";
    $hitno = $hitno + 1;
   }
   if ($hitno==0) {echo "<p><br> ***　該当するものがありません。</p>"; }
  $dbh = null;
?>
</table>
</body>
</html>
```

解説

1　{ }内で，ヒット件数を $maxno でカウントしています。

2　リンク先で文字化けを避けるために，urlencode 関数を使います。

3–5　パラメタの offno は，表示開始をシフトするレコード数です。maxno はヒット件数です。request は 2 の行で文字化けしないように処理した SELECT 文です。

15-3 例題3 詳細表示

例題2のeken50.phpから，検索式としてrequestを，表示開始シフト数としてoffnoを，ヒット件数としてmaxnoのパラメタを受け取り，図15-6のように詳細表示します。ファイル名はeken51.phpです。このプログラムでは，前後のレコードに移動できるような処理を加えます。前後に移動するために，自らのプログラムeken51.phpをリンク先に指定します。表示開始シフト数のoffno，ヒット件数のmaxno，検索式のrequestのパラメタを，呼び出す自分自身（eken51.php）に渡します。これらのパラメタは，呼び出したeken51.phpで改めて検索し，どのレコードを表示するかを指定するためのものです。

パラメタを受け取って，どのような検索式で検索しているかわかるように，SELECT文を（「参考1」として）表示するステップを加えました。テスト等が完了すれば削除しても結構です。

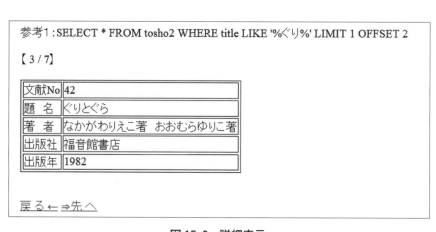

図 15-6　詳細表示

移動ボタンは，検索結果が1件の時は図15-7，2件の時は図15-8のどちらかを表示します。

3件以上の時は図15-3のいずれかが表示されます。

http://localhost/home535/eken5.html にアクセスしてテストします。

15-3 例題3 詳細表示

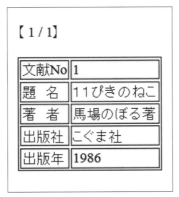

図15-7 1件の時

図15-8 2件の時

> eken51.php の例

```
<!DOCTYPE html>
<html>
<head> <meta charset="UTF-8">
 <title>eken51.php</title></head>
<body>
<?php
  $dsn = "mysql:dbname=ehondb;host=localhost";
  $user = "lookdb";  $password = "muscat";
  $dbh = new PDO($dsn,$user,$password);
  $dbh -> query("SET NAMES utf8");
  $offno = $_GET ['offno'] ;
```

```
 2  $maxno = $_GET ['maxno'] ;
 3  $request = $_GET ['request'] ;
 4  $kensaku = $request . " LIMIT 1 OFFSET $offno";
 5  echo " 参考 1 : ",$kensaku,"<br><br>";
 6  $offno1 = $offno + 1;
    $stmt = $dbh -> prepare($kensaku);
    $stmt -> execute();
    $data = $stmt -> fetch(PDO::FETCH_ASSOC);
    $recno = $data ['rno'] ;
    $title = $data ['title'] ; $chosha = $data ['chosha'] ;
    $pub = $data ['pub'] ; $nen = $data ['nen'] ;
 7  echo " 【"; echo " $offno1 / $maxno" ; echo "】  <br> <br>";
    echo "<table border='1'>";
    echo "<tr> <td> 文献 No</td> <td>$recno</td></tr>";
    echo "<tr> <td> 題　名 </td> <td>$title</td></tr>";
    echo "<tr> <td> 著　者 </td> <td>$chosha</td></tr>";
    echo "<tr> <td> 出版社 </td> <td>$pub</td></tr>";
    echo "<tr> <td> 出版年 </td> <td>$nen</td></tr>";
    echo "</table>";
    echo "<br><br>";
 8  $request2 = urlencode($request);
 9  if ($offno > 0 ) {
10    $idouno = $offno - 1 ;
11    echo "<a href=
12       ¥"eken51.php?offno=$idouno&maxno=$maxno&request=$request2¥">
13       戻 る ← </a> "; }
14  if ($offno < $maxno - 1) {
15    $idouno = $offno + 1;
16    echo "<a href=
17       ¥"eken51.php?offno=$idouno&maxno=$maxno&request=$request2¥">
18       ⇒先 へ </a>  <br> "; }
    $dbh = null;
?>
</body>
</html>
```

解説

1-3   パラメタを受け取ります。get メソッドですので $_GET ['パラメタ名']のように記述して取り出します。

4   検索のための SELECT 文の後ろに，表示開始をシフトする数を指定するために，「LIMIT 1 OFFSET $offno」を付け加えます。「LIMIT 1」は，「1 レコード取り出す」という意味です。その後ろの「OFFSET $offno」は，$offno だけ表示開始をシフトする（つまり，その次のレコードを表示する）という意味です。

5   参考のために，受け取ったパラメタで作成した SELECT 文を表示します。この行は作成しなくても結構です。

6   詳細表示するレコードが今何レコード目かを表示するために，シフトした数 $offno に+1 した値をセットします。これを 7 の行で表示します。

7   「何レコード目か／ヒット件数」を表示します。

8   文字化けを避けるために，urlencode 関数を使います。

9-13   現在のレコード順番が 1 より大きいとき，「戻る」をクリックすれば，ひとつ前のレコードに戻るようにします。10 の行で，開始表示のシフト数を −1 します。

12, 17   " " 内では，= の前に半角スペースを挿入すると，うまくいきません。

14-18   現在のレコード順番がヒット件数より小さいとき，「先へ」をクリックすれば，ひとつ先のレコードに進むようにします。15 の行で，開始表示のシフト数を+1 します。

第16講　開発編5：CSSと
インラインフレームによる分割表示

16.1　CSS（スタイルシート）とは

　CSS（スタイルシート）は，Cascading Style Sheetsの略です。CSSを使うと，HTML文書中の文字の色やスタイルを一括して指定できます。HTML文書を書き直さずに，レイアウトを変更できます。HTML文書のレイアウトは，できる限りCSSを使って行うのが最近の流れです。本書では，簡単な例に限定しています。拡張子はcssです。図16-1は，HTML文書とCSSの関係を示しています。これは，第3講で作成したehon41.htmlにCSSを適用する例です。

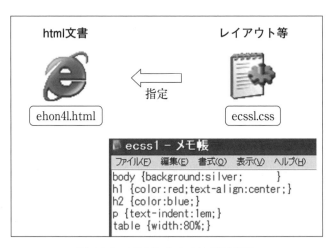

図16-1　HTMLとCCSの関係図

　CSSの文法とecss1.cssの例を表16-1に示します。

表 16-1　CSS の文法と例

CSS の文法	内容
セレクタ　{プロパティ:値; プロパティ:値;　……　}	セレクタごとに，プロパティを指定します。
例　body { background:silver; }	本体の背景色 silver
h1 { color:red;text-align:center; }	大見出し　文字の色を赤に　中央に
h2 { color:blue; }	中見出し 文字の色を青に
p { text-indent:1em; }	段落　1字あける
table { width:80%; }	表の幅 画面の 80%

　セレクタはデザインを指示する対象（タグで指定した部分），プロパティはどのようなスタイルか指定するものです。
　HTML 文書の <head></head> 内の <title></title> タグの次行に，次のような <link> タグを記述（挿入）すれば，ecss1.css が適用されます。
　　　<link rel="stylesheet" type="text/css" href="eccs1.css">
ecss1.css は home535 に作成済みですので，適宜修正して使ってください。

16.2　画面の分割表示

　演習 5-3 のように一つの HTML 文書内で，メニューと各メニュー内容間の移動（スクロール）はできますが，スクロールするのではなく，画面を分割して表示できれば，Web ページがとても見やすくなるケースが少なくありません。例えば，

　　見出し／メニュー／メニューリスト／問い合わせ

が表示されるページを例にとると，見出しを上に，問い合わせを下に，メニューを中央左に，メニューリストを右に表示すると，見やすいページが作成できそうです。
　一つの画面で分割表示するには，まず HTML 文書を領域（区域）に分ける必要があります。その一つとして，<div></div> タグ（division の略，ディブと読む）で区域を分ける方法があります。そのうえで CSS を適用して分割表示します。CSS を適用しないと，区域に分ける前と同じ表示です。

16.3　同一文書の分割表示

画面を 4 分割表示する例で説明します。

① <div></div> タグを使って図 16-2 のように四つの区域に分け，class 属性で，top，left，right，footer と定義します。これは HTML 文書を四つの区域に分けたにすぎません。

```
┌─ HTML 文書の内容 ─┐      ┌─ <div></div> タグで区分すると ─┐
│ 見出し            │      │ <div class="top">    見出し      </div> │
│ メニュー          │      │ <div class="left">   メニュー    </div> │
│ メニューリスト    │      │ <div class="right">  メニューリスト </div> │
│ 問い合わせ        │      │ <div class="footer"> 問い合わせ  </div> │
```

図 16-2　区域分割例

② CSS で，この四つの区域のスタイルを指定します。HTML 文書は，top，left，right，footer の名称とは関係なく，記述された順に表示するだけです。CSS を適用して，例えば，図 16-3 のように分割表示する例を挙げます。縦の幅，横の幅も自由に設定できます。

```
┌─────────────────────────────┐
│           見出し            │
├──────────┬──────────────────┤
│          │                  │
│ メニュー │ メニューリスト   │
│          │                  │
├──────────┴──────────────────┤
│         問い合わせ          │
└─────────────────────────────┘
```

図 16-3　分割表示例

図 16-3 の分割表示例を実現する CSS の例（画面分割に限定）は次のとおりです。

```
div.top {height:60px;}
div.left {height:400px; width:25%;float:left}
div.right {height:400px; width:75%;overflow:scroll}
div.footer {height:30px;}
```

<div> タグの class 属性で定義された区域は div.top, div.left, div.right, div.footer というように，div. を付けて指定します。1 行目では，top は，高さ 60px と定義しています（width は指定されていないので 100 ％です）。2 行目では，left は高さ 400px，幅 25 ％，左詰めと定義しています。3 行目では，right は高さ 400px，幅 75 ％，表示の高さを越えたらスクロールと定義しています。left と right の幅の合計は 100 ％となります。4 行目では，footer は高さ 30px と定義しています。px はピクセルです。

③この CSS を適用すると，図 16-4 のように分割表示することができます。演習 5-3 の elib5.html では，メニューと各メニュー内容間を縦方向に移動（スクロール）して実現するものでした。これを，画面を 4 分割し，メニュー部分を左画面に，メニューリストを右画面に表示したものです。この例は，例題 1 の演習で取り扱います。

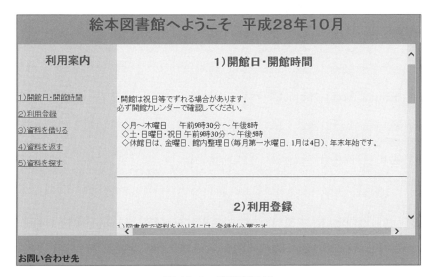

図 16-4　分割表示例

16.4　インラインフレームを使った表示（<a> タグのケース）

Web ページをリンクして表示すると，何も指定しなければ新たな画面に切り替わります。画面が切り替わることなく，同一の画面に分割表示する方法について以下説明します。

①一つのページ内に別のページを表示するために，インラインフレームを利用します。インラインフレームとは，ページ内に別のページを表示させるものです。図 16-5 は a のページ内に b のページを表示することを示しています。

```
┌─────────────────────────┐
│ a.html                  │
│                         │
│   ┌─────────────────┐   │
│   │ b.html          │   │
│   │                 │   │
│   │                 │   │
│   │                 │   │
│   └─────────────────┘   │
│                         │
└─────────────────────────┘
```

図 16-5　インラインフレームでの表示

②インラインフレームを <iframe> </iframe> タグ（inlineframe の略，アイフレームと読む）で設定します。a.html のページからリンクを張るページ（b.hrml）をインラインフレーム内に表示します。これを，a.html では次のように記述します。

```
a.html
1  <a href="b.html" target="frameb"> ページ b </a>
2
3  <iframe  name="frameb" >
4
5  </iframe>
```

1 行目は，<a> タグの href 属性で指定するページを，target 属性で指定した名前（「frameb」）と同じ名前（「frameb」）のインラインフレームに表示するということです。インラインフレームは 3〜5 行目で設定し，<iframe> タグの name 属性で「frameb」と定義しています。

③ <div></div> タグを使って，（ここでは a.html を）四つに区分します。次の例では 1 行目の記述を left の内容とし，3〜5 行目の記述を right の内容として区域を分けています。ここでは，「メニュー」として <a> タグの一部のみを記載しています。

```
a.html を区域に分けた例
<div class="top">     見出し      </div>
<div class="left">
   メニュー
      <a href="b.html" target="frameb"> ページ b </a>
```

```
</div>

<div class="right">
  <iframe  name="frameb" >

  </iframe>
</div>

<div class="footer">　問い合わせ　</div>
```

これに前節の CSS を適用すると図 16-6 のように分割表示できます。この例は演習 4-2，4-4 を 4 分割するものです。この例は，例題 2 の演習で取り扱います。

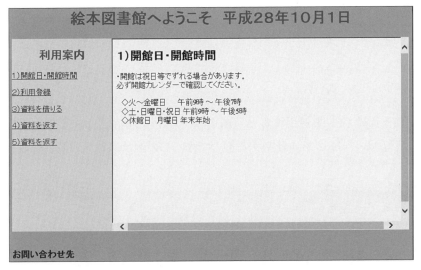

図 16-6　<a> タグによる表示例

16.5　インラインフレームを使った表示（<form> タグのケース）

例えば，

　　　見出し／検索画面／結束結果／問い合わせ

が表示されるページで，検索画面と検索結果が同じ画面の左右に表示することができれば，見やすい検索システムを作成できます。これを実現するために，前節と同様にインライン

フレームと <form> タグを使います。<div></div> タグでの区分を次のように記述します。「検索画面」としては <form> タグのみを記載しました。<form> タグの action 属性で検索処理先（ここでは b.php）を指定しています。left が検索画面で，right が b.php による検索結果の表示部分です。

```
<form> タグでの区分
<div class="top">    見出し    </div>
<div class="left">
    検索画面
        <form  action="b.php" target="frameb">
</div>
<div class="right">
  <iframe  name="frameb" >

  </iframe>
</div>
<div class="footer">   問い合わせ   </div>
```

これに，前々節の CSS を適用すると，図 16-7 のように分割表示することができます。この例は，演習 11-1, 11-2 を 4 分割するものです。この例は例題 3 の演習で取り扱います。

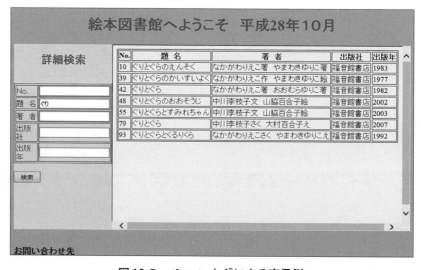

図 16-7　<form> タグによる表示例

演習 16　分割表示

16-1　例題 1 利用案内（同一文書の分割表示）

　図 16-4 のような利用案内を演習 5-3 の elib5.html を活用して作成します。<div> タグで分割し，CSS を適用する例です。ファイル名を esys31.html とします。ここで使用する ecss2.css は home535 に作成済みです。適宜変更してください。**http://localhost/home535/esys31.html** にアクセスしてテストします。

```
esys31.html の例
    <!DOCTYPE html>
    <html>
    <head>
     <meta charset="UTF-8">
     <title>esys31.html</title>
     <link rel="stylesheet" type="text/css" href="ecss2.css">
    </head>
    <body>
1   <div class="top">
      <h1>絵本図書館へようこそ　平成２８年１０月 </h1>
    </div>

2   <div class="left">
      <h2> 利用案内 </h2><br>
      <p> <a href="#eref1"> １）開館日・開館時間 </a></p>
      <p> <a href="#eref2"> ２）利用登録 </a></p>
      <p> <a href="#eref3"> ３）資料を借りる </a></p>
```

```
      <p> <a href="#eref4"> 4）資料を返す </a></p>
      <p> <a href="#eref5"> 5）資料を探す </a></p>
    </div>

3   <div class="right">
    <p><h2 id="eref1"><br> 1）開館日・開館時間 </h2></p> <br>
    <p>
     （省略）
    </p><br>    <hr>
    <p><h2 id="eref2"><br> 2）利用登録 </h2></p>
    <p>
     （省略）
    </p><br>    <hr>
    <p><h2 id="eref3"><br> 3）資料を借りる </h2></p>
    <p>
     （省略）
    </p><br>    <hr>
    <p><h2 id="eref4"><br> 4）資料を返す </h2></p>
    <p>
     （省略）
    </p><br><hr>
    <p><h2 id="eref5"><br> 5）資料を探す </h2></p>
    <p>
     （省略）
    </p><br><hr>
    </div>

4   <div class="footer">
     <br> <p><h3> お問い合わせ先 </h3></p>
    </div>
    </body>
    </html>
```

解説

1 \<div\>\</div\> で挟んで，class 属性で，この区域を「top」と名付けます。

2 \<div\>\</div\> で挟んで，class 属性で，この区域を「left」と名付けます。
3 \<div\>\</div\> で挟んで，class 属性で，この区域を「right」と名付けます。
4 \<div\>\</div\> で挟んで，class 属性で，この区域を「footer」と名付けます。

各々の区域のレイアウト等を CSS で指定します。ecss2.css の例を次に示します。これは home535 内にあります。最初の 4 行は，どの区域にも適用されます。

ecss2.css
```
  body { background:palegreen; }
  h1 { color:red;text-align:center; }
  h2 { color:red;text-align:center; }
  h3 { color:blue; }
1 div.top { height:60px; }
2 div.left { height:400px; width:25%; float:left; background:#CCFFFF; }
3 div.right { height:400px; width:75%; background:#FFFFCC; overflow:scroll; }
4 div.footer { height:30px; }
```

解説
1 区域 top の高さを 60px とします。
2 区域 left の高さを 400px，幅を 25 % とします。画面での配置は左詰めとします。
3 区域 right の高さを 400px，幅を 75 % とします。この区域内からオーバーフローする時は，スクロールを使って表示するスタイルを指定します。
4 区域 footer の高さを 30px とします。

16-2　例題 2 利用案内（別文書へのリンク）

図 16-6 のような利用案内を演習 4-2 の elib2.html を活用して作成します。16.4「インラインフレームを使った表示（\<a\> タグのケース）」の具体例です。ファイル名を esys32.html とします。\<a\> タグのリンク先は，既作成の elib21.html，elib22.html，elib23.html，elib24.html，elib25.html を指定します。CSS は ecss2.css を使用します。

http://localhost/home535/esys32.html にアクセスしてテストします。

esys32.html の例

```
<!DOCTYPE html>
<html>
<head>
<meta charset="UTF-8">
<title>esys32.html</title>
<link rel="stylesheet" type="text/css" href="ecss2.css">
</head>
<body>

<div class="top">
  <p> <h1> 絵本図書館へようこそ　平成２８年１０月１日 </h1></p>
</div>

<div class="left">
  <h2> 利用案内 </h2>
1  <p> <a href="elib21.html" target="rlist"> １）開館日・開館時間 </a></p>
2  <p> <a href="elib22.html" target="rlist"> ２）利用登録 </a></p>
3  <p> <a href="elib23.html" target="rlist"> ３）資料を借りる </a></p>
4  <p> <a href="elib24.html" target="rlist"> ４）資料を返す </a></p>
5  <p> <a href="elib25.html" target="rlist"> ５）資料を探す </a></p>
</div>

<div class="right">
6  <iframe src="elist1.html" name="rlist" width="100%" height="100%">
7    この部分は iframe 対応のブラウザで見てください。
8  </iframe>
</div>

<div class="footer">
 <br> <p><h3> お問い合わせ先 </h3></p>
</div>

</body>
</html>
```

> **解説**
>
> 1-5　<a> タグの href 属性でリンク先を指定し，target 属性で指定した名前と同じ名前の（6-8 の行で設定した）インラインフレームに表示します。
>
> 6-8　<iframe> タグで，インラインフレームを設定します。これを right 区域全体に重ねるように設定します（つまり，height=100% width=100%）。height と width のパーセンテージを変えれば，枠を小さくすることができます。
> name 属性で，インラインフレームのフレーム名を指定します。
> src 属性で初期画面として表示する HTML 文書等を指定します。elist1.html は home535 内に作成済みです。
>
> 7　Web ブラウザが <iframe> タグに未対応の時に表示するものです。

16-3　例題 3 詳細検索

図 16-7 のように検索画面を左に，検索結果を右に表示します。これは，16.5「インラインフレームを使った表示（<form> タグのケース）」の具体例です。ファイル名を esys33.html とします。演習 11-1 の eken21.html を活用して作成します。

<form> タグのリンク先は，既作成の eken21.php とします。

http://localhost/home535/esys33.html にアクセスしてテストします。

> **esys33.html の例**
> ```
> <!DOCTYPE html>
> <html>
> <head>
> <meta charset="UTF-8">
> <title>esys33.html</title>
> <link rel="stylesheet" type="text/css" href="ecss2.css">
> </head>
> <body>
>
> <div class="top">
>   <p><h1> 絵本図書館へようこそ　平成２８年１０月 </h1></p>
> </div>
> ```

```
   <div class="left">
   <h2> 詳細検索 </h2>
1  <form method="post" action="eken21.php" target="kenlist">
   <table border="1">
   <tr> <td> Ｎｏ． </td> <td><input type="text" name="rword"></td></tr>
   <tr> <td> 題　名 </td> <td><input type="text" name="tword"></td></tr>
   <tr> <td> 著　者 </td> <td><input type="text" name="cword"></td></tr>
   <tr> <td> 出版社 </td> <td><input type="text" name="pword"></td></tr>
   <tr> <td> 出版年 </td> <td><input type="text" name="nword"></td></tr>
   </table>
   <br>
   <input type="submit" value=" 検索 ">
   </form>
   </div>

   <div class="right">
2  <iframe src="elist2.html" name="kenlist" width="100%" height="100%">
3   この部分は iframe 対応のブラウザで見てください。
4  </iframe>
   </div>

   <div class="footer">
   <br> <p><h3> お問い合わせ先 </h3></p>
   </div>

   </body>
   </html>
```

解説

1 　<form> タグの action 属性でリンク先を指定し，target 属性で指定した名前と，同じ名前の 2～4 の行で設定したインラインフレームに表示します。

2-4 　<iframe> タグで，インラインフレームを設定します。これを right 区域全体に重ねるように設定します（つまり，height=100% width=100%）とします。name 属性を「kenlist」と定義します。

src 属性で初期画面として表示する HTML 文書等を指定します。elist2.html は home535 内に作成済みです。

3   Web ブラウザが <iframe> タグに未対応の時に表示するものです。

付 録

付録1　ehondbonXAMPP のインストール
付録2　Web サーバとアクセス方法
付録3　MySQL モニタ phpMyAdmin の使い方
付録4　データベース ehondb のファイル一覧

付録1　ehondbonXAMPPのインストール

1. ehondbonXAMPP

　第6講以降では，Webサーバを使用しますので，演習6に進むまでに以下の手順で，USBにWebサーバを用意してください。

　樹村房のWebサイトに公開中の演習用Webサーバ環境ehondbonXAMPPのベースとなるXAMPPは，GPL（GNU General Public License）としてオープンソースのフリーで公開されています。次のURLからインストールしたものです（2017年3月6日）。

　　http://www.apachefriends.org/jp/download.html

　XAMPPは，USBで使用できるコンパクトタイプの最終版である「xampp-portable-win32-1.8.3.-5-VC11」（2014年8月21日リリース）です。XAMPP内には，付録表1-1のようなソフトウェアが入っています。

付録表1-1　XAMPPのファイル一覧

《xampp：xampp-portable-win32-1.8.3-5-VC11》		バージョン
Apache	Webサーバソフトウェア	2.4.10
mysql	データベース	5.6.20
php	PHPソフトウェア	5.5.15
phpMyAdmin	MySQLモニタ	4.2.7.1

　このXAMPPに，演習問題で使用するデータベースehondbを追加したのがehondbonXAMPPです。ehondbのほかに，XAMPPのhtdocsに演習で作成するPHPなどのファイルを入れるフォルダーhome535もあらかじめ作成しています。ehondbについては付録4を，home535については付録2を参照してください。

2. インストールの手順

　演習用 Web サーバ環境「ehondbonXAMPP」を，以下の手順で USB メモリにインストールしてください。パソコンの OS は，Windows7 を前提としています。テストが十分ではありませんが，Windows10 でも同様に使用できるようです。

　ehondbonXAMPP の展開後の容量は，約 400MB ですので，USB メモリは 1GB 程度の容量があれば十分です。

　インストール手順を次に示します。

①樹村房の Web サイトの「サポート」ページにアクセスし，「学習サポート」内，『図書館業務に役立つ HTML・PHP 入門』のリンクから ehondbonXAMPP.zip ファイルのページを表示します

②ehondbonXAMPP.zip ファイルを「デスクトップ」や「ライブラリのドキュメント」にダウンロードします

③このファイルを右クリックして，「すべて展開」をクリックします。展開する先が，「C:User¥……¥ehondbonXAMPP」とされますので，「¥ehondbonXAMPP」を消して，「完了時に展開されたファイルを表示する」のチェックを外し，「展開」をクリックします。15 分前後かかります。付録図 1-1 にこの画面例を示しました。展開後のファイル名は，「ehondbonXAMPP」ではなく，「xampp」です

④展開されたファイル XAMPP を，USB メモリの直下（他のフォルダーの中ではない）に貼り付けます。20 分前後かかります

⑤XAMPP をダブルクリックして，下の方にある「setup_xampp.bat」をダブルクリック（実行）してください。「1」を入力し Enter キーを押すと，「wait」のメッセージが表示され，数分すると処理が終わりますので，再度 Enter を押して「送信」してください。これを実施しないと，XAMPP がうまく動かない時があります。この手順を付録図 1-2 に示しました

※③で USB メモリにコピーし，USB の上で展開すると，時間がかかりすぎるか，展開できない場合がありますので注意してください

※USB メモリでなく，ハードディスクに搭載したい時は，②と③を「C:」の場所に指定します。④は必要ありません

※「xampp」は，決して名称を変えないでください。また，決して，他のフォルダー内に移動しないでください。いずれの場合も，XAMPP が使用できません

184　付録1　ehondbonXAMPPのインストール

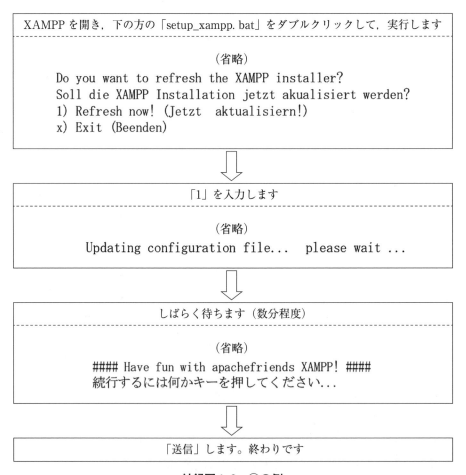

付録図 1-1　③の画面例（フォルダー名の右端の「¥ehondbonXAMPP」を削除）

付録図 1-2　⑤の例

付録2　Web サーバとアクセス方法

　第6講以降の演習は，USB メモリ内の Web サーバにアクセスすることによって，PHP プログラムや HTML 文書の確認，テスト等を行うことになります。
　第5講までのように，Web ブラウザで表示するために HTML 文書をダブルクリックするという方法ではうまくいきませんので，注意してください。

1. Web サーバ環境は USB メモリの中に設定

　付録1でインストールした Web サーバ XAMPP は USB メモリの中にあります。パソコンに USB メモリをセットして XAMPP を立ち上げると，クライアントの立場で，同じパソコンから USB メモリの中の Web サーバにアクセスできます。一つのパソコンで，USB メモリに Web サーバ環境を用意して，同じパソコンですが，それにアクセスするというものです。USB メモリにおける Web サーバのホスト名は localhost です。IP アドレスは，「127.0.0.1」です。
　以上のことを図示したのが，付録図 2-1 です。
　なお，この XAMPP では Web ページを公開することはできません。あくまでも演習用の Web サーバ環境にすぎません。公開するには，大学等の公式の Web サーバか，個人であればレンタルサーバ等を使うことで可能となります。いずれも担当者や詳しい方に直接お尋ねください。

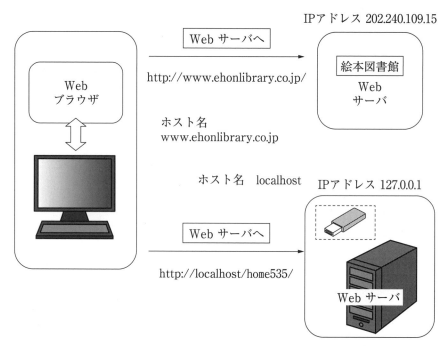

付録図 2-1　USB メモリの Web サーバの図

2．特別なフォルダーhtdocs

　XAMPP の中に特別なフォルダーhtdocs があります。htdocs の中に，作成した HTML 文書や PHP プログラムを入れるフォルダーを用意した方が何かと便利です。XAMPP をベースにした ehondbonXAMPP には，htdocs の中に home535 をあらかじめ作成しています（付録図 2-2 を参照）。home535 の名称は変更していただいて結構です。本書では，「home535」で説明します。この home535 に HTML 文書，PHP プログラム，画像ファイルなどを作成してください。

　ehondbonXAMPP には，演習問題で使用するために，付録表 2-1 のファイルを用意しています。

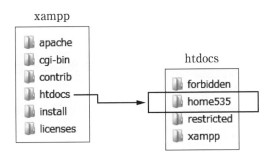

付録図 2-2　htdocs と home535

付録表 2-1　home535 のファイル一覧

画　像	使用例	同左の内容
daruma.gif	mysqlsample.txt	MySQL へのアクセス手順例
doronko.jpg	ecss1.css	CSS 例
harapeko.bmp	ecss2.css	
neko.bmp	elist1.html	分割表示の際の初期表示例
otukai.bmp	elist2.html	
picguri.bmp		

3. XAMPP の起動

　XAMPP をダブルクリックして，付録図 2-3 で示したように，下の方にスクロールしていくと，「xampp_start.exe」がありますので，これをダブルクリックすると，XAMPP が立ち上がります。

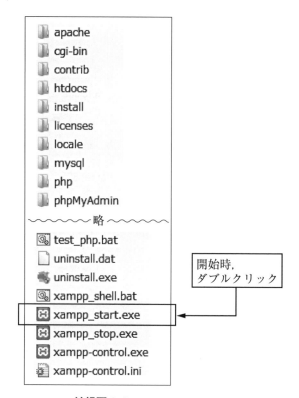

付録図 2-3　xampp_start.exe

付録図 2-4 のように表示されれば，利用できます。

付録図 2-4　XAMPP 開始メッセージ

付録図 2-4 のように表示されない時は，エラーです。最も多いのは，XAMPP ファイルを他のフォルダーに入れているケースです。USB メモリの直下（他のフォルダーに入れないこと）においてください。後は，XAMPP ファイルに不具合がある時です。その場合はインストールし直してください。

パソコン画面の下（この例では付録図 2-5 の右端）に，「XAMPP マーク」が表示されていれば，起動中です。

付録図 2-5　XAMPP マーク（右端）

　XAMPP を終了する時は，「xampp_start.exe」の下にある「xampp_stop.exe」をダブルクリックします。付録図 2-6 のように表示され，XAMPP マークが消えるまで待ちます。

```
Stopping XAMPP…
```

付録図 2-6　XAMPP の終了メッセージ

4．USB メモリの中の Web サイトへのアクセス

　USB メモリ内（の home535）の HTML 文書や PHP プログラムにアクセスするには，インターネット上の Web サイトにアクセスする手法と全く同じです。
　IE のアドレス欄に次のように入力します。

　　　http://localhost/home535/eken11.html

　USB メモリのホスト名が「localhost」です。USB メモリをどのパソコンにセットしても，同じホスト名です。この場合，アクセスする Web ページは，xampp 内の htdocs 内の home535 の中の eken11.html です。
　一般的にはトップページのファイル名を index.html（あるいは index.php）とします。その場合，次のように入力してアクセスすることになります。

　　　http://localhost/home535

5．テストのための URL リスト

　IE のアドレス欄に，URL をテストするために毎回入力するのは面倒です。付録図 2-7 のような URL リストをあらかじめ Excel で作成しておき，それをクリックしてアクセスすると便利です。USB メモリのどこに作成しても，ファイル名は何でも構いません。

演習番号	状況	URL
6-1/1 2 3	済	http://localhost/home535/ealgo1.html
9-1/1 2		http://localhost/home535/eken11.html
課題	未	http://localhost/home535

付録図 2-7　URL リスト

6. 特定のパソコンで XAMPP が起動しない時

　大学等の共用のパソコンでは起動するが自宅等のパソコンでは起動しないケースで，パソコンの設定を変更するとうまくいく場合があります。例えば，「Skype を使っている」「Windows10 で，ISS（インタネット・インフォメーション・サービス）が ON になっている」ことはありませんか。前者は「Skype」をやめるとうまくいくようです。後者は，次の手順で，

コントロールパネル ⇒ プログラム ⇒「Windows の機能の有効化または無効化」⇒ ISS（インタネット・インフォメーション・サービス）⇒「World Wid Web サービス」を「OFF」

にすると，うまくいくようです。

付録3　MySQLモニタ phpMyAdminの使い方

1. MySQLモニタ phpMyAdmin

　phpMyAdminというMySQLのモニタを使って，データベースの検索，更新，追加，削除を行うことができます。新たにデータベースの作成，テーブル（ファイル）の追加，削除もできます。phpMyAdminを立ち上げる前に，必ずXAMPPを起動しておきます。そのうえで，IEのアドレス欄から，次のように入力してアクセスします。

　　　　　http://localhost/phpmyadmin

ログイン画面が表示されますので，ユーザー名とパスワードを入力し，「実行」をクリックします。IDは「lookdb」，パスワードは「muscat」です。パソコン環境によって，「……個人情報送信時の確認」画面が表示される時は「送信」をクリックしてください。

　phpMyAdminの新たな画面が表示され，左側にデータベース一覧が表示されますので，本書で使用する「ehondb」をクリックすると，上部に「操作メニュー」が示され，その下に七つのテーブル（ファイル）一覧が表示されます。

　操作メニューは，構造／SQL／検索／クエリ／エクスポート／インポート／操作／ルーチンなどで，データベース全体，あるいは個々のデータベースでの操作ができます。

　データベースを選択すると，テーブル一覧が表示され，一覧の右には操作できる項目が示されます。テーブル単位で，表示／構造／検索／挿入／空にする／削除の操作ができます。テーブルを表示すると，レコードが表示され，レコード単位の編集／コピー／削除ができます。

2. レコードの表示と編集等

　ehondbのファイルの「tosho1」の，「表示」をクリックすると，tosho1のレコードが表示されます。この操作によって，実はMySQLを操作するためのSQLがセットされ，実行されます。この実行されたSQL（SELECT文）が表示されています。付録図3-1にこの画面例を示しました。

実行SQL：SELECT * FROM tosho1									
				rno	title	chosha	pub	nen	link
☐	編集	コピー	削除	1	100万回生きたねこ	佐野洋子著	講談社	1977	neko.bmp
☐	編集	コピー	削除	2	ぐりとぐら	なかがわりえこ著　おおむらゆりこ著	福音館書店	1982	picguri.bmp
☐	編集	コピー	削除	3	はじめてのおつかい	筒井頼子作　林明子絵	福音館書店	1977	otukai.bmp
☐	編集	コピー	削除	4	はらぺこあおむし	エリック＝カールさく　もりひさしやく	偕成社	1997	harapeko.bmp

付録図 3-1　tosho1 のレコード表示画面

この SQL の意味は，「「tosho1」から全項目を表示せよ」です。この画面において，クリックしたレコードを「編集」「コピー」「削除」できます。

3.「SQL」を使った検索例

SQL のタブから SQL を入力して検索することができます。SQL の入力欄に，

SELECT * FROM tosho1 WHERE title LIKE '% ぐり %'

と入力し，「実行」すると，付録図 3-2 のように検索結果が表示されます。

実行SQL：SELECT * FROM tosho1 WHERE title LIKE '%ぐり%'					
rno	title	chosha	pub	nen	link
2	ぐりとぐら	なかがわりえこ著　おおむらゆりこ著	福音館書店	1982	picguri.bmp

付録図 3-2　検索結果

4.「検索」を使った検索処理

第 1 項の冒頭の「操作」で「検索」ボタンをクリックすると，検索画面が表示されます。「検索する値」は入力，「検索する条件」はラジオボタン，「検索するテーブル」（ファイル）と「カラム」（項目）はプルダウンメニューでそれぞれ選択します。カラムを指定しないと全項目が対象となります。操作例は省略します。

5. テーブル内の構造の表示と変更

テーブル（ファイル）tosho4 の 7 番目の項目 link の名前，データ型，長さなどを変更する例を説明します。「tosho4」をクリックし，「構造」をクリックすると，付録図 3-3 が

表示されます。

#	名前	データ型	照合順序	操作
1	rno	int(3)		変更 削除
2	title	varchar(100)	utf8_general_ci	変更 削除
3	chosha	varchar(50)	utf8_general_ci	変更 削除
4	pub	varchar(40)	utf8_general_ci	変更 削除
5	nen	char(4)	latin1_swedish_ci	変更 削除
6	kaisetu1	varchar(200)	utf8_general_ci	変更 削除
7	link	varchar(40)	latin1_swedish_ci	変更 削除

付録図 3-3　構造の表示画面

「7　Link」の「変更」をクリックすると，この構造を変更する，付録図 3-4 の画面が表示されますので，「名前」「データ型」「長さ」等の項目の「構造」を変更できます。

付録図 3-4　Link の構造を変更する画面

6. テーブル内のカラムの追加

テーブル（ファイル）tosho4 の 7 番目の項目 link の後に，新たな項目を追加する例を説明します。「tosho4」をクリックし，「構造」をクリックすると，カラム（項目）一覧の下の方に，付録図 3-5 のようなカラムの追加ができる画面があります。追加したいカラム数（項目数）（ここでは「1」），追加したい場所として，「指定カラムの後に」を選んで，カラム名を指定（ここでは「link」）して，「実行」をクリックします。

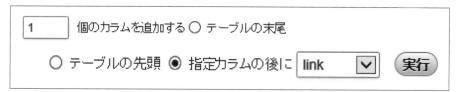

付録図 3-5　カラムの追加画面

このあと，新しいカラム（項目）を定義する画面が表示されますので，「名前」「データ型」「長さ」等の項目を入力して，「保存する」をクリックします。

7. テーブル（ファイル）作成

tosho4 をコピーして，tosho5 を作成する例を付録図 3-6 に示します。

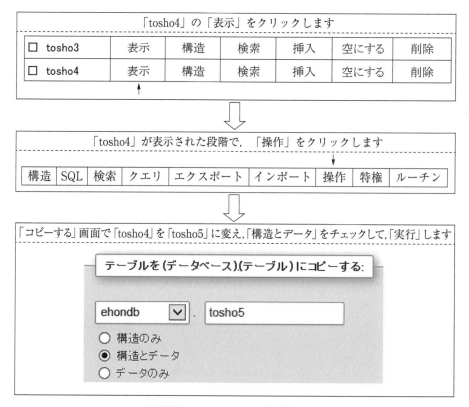

付録図 3-6　tosho5 を作成する例

8. レコードの修正

tosho1 の 1 番目のレコードの修正する例を付録図 3-7 に示します。

例として，修正する「tosho1」をクリックして表示します。1番目のレコードを修正するには，その行の「編集」をクリックします。

				rno	title	chosha	pub	nen	link
☐	編集	コピー	削除	1	100万回生きたねこ	佐野洋子著	講談社	1977	neko.bmp
☐	編集	コピー	削除	2	ぐりとぐら	なかがわりえこ著 おおむらゆりこ著	福音館書店	1982	picguri.bmp
☐	編集	コピー	削除	3	はじめてのおつかい	筒井頼子作 林明子絵	福音館書店	1977	otukai.bmp

⬇

編集画面が表示されるので，「値」の修正を行って，「実行」をクリックします

付録図 3-7　tosho1 の 1 番目のレコードを修正する例

9. レコードの追加

　tosho1（6 レコード）に，レコードを追加する例を説明します。tosho1 を選んで，冒頭行の，「挿入」をクリックします。新しいレコードの入力画面が表示されるので，項目 rno の値を「7」にして，他の項目を入力します。次に，付録図 3-8 のように「新しい行として挿入する」を指定し，「実行」をクリックします。

付録図 3-8　レコードを追加する例

付録4　データベース ehondb のファイル一覧

　ehondb は，七つのテーブル（ファイル）からなります。真ん中の欄は，第13講と第14講で，左のファイルをコピーして使用するファイル名です。左のものはオリジナルとして固定し，演習で使用する時はコピーして使用します。オリジナルを残しておけば，いつでもコピーし直すことでリセットできます。概要を以下に説明します。

付録表 4-1　ehondb のファイル一覧

ファイル名	（開発用）	内容
kanri1	kanri6	貸出システムのための管理ファイル
kashi1	kashi6	貸出ファイル
riyousha1	riyousha6	利用者ファイル
tosho1		図書ファイル1　絵本データベース　紹介ページ用
tosho2	tosho6	図書ファイル2　絵本データベース　検索用
tosho3	tosho7	図書ファイル3　絵本データベース　目録作成
tosho4		図書ファイル4　絵本データベース　解説付き

1. 管理ファイル：kanri1（kanri6）

　「貸出」等の演習で使用する「ehondb」全体を管理するためのファイルです。このファイルは1レコードです。
　kanri1 の項目と例を示します。以下も同様に示します。

付録表 4-2　kanri1 の項目

項目名	tmax	kmax	umax	hizuke1	hizuke2
内容	tosho3 のレコード数	kashi1 のレコード数+1	riyousha1 のレコード数+1	貸出日の日付	返却期限の日付
文字数	数字 3 桁	数字 3 桁	数字 3 桁	数字 8 桁	数字 8 桁

付録表 4-3　kanri1 の例

tmax	kmax	umax	hizuke1	hizuke2
103	20	28	20200902	20200917

　tmax は，図書ファイル tosho3・tosho7 のレコード数です。kmax は，貸出ファイルのレコード数です。貸出する度に貸出テーブルのレコード数が 1 ずつ増えます。本書の演習では増加するのみですので，あらかじめレコード数を +1 しています。umax は，利用者ファイルのレコード数です。これもレコード数を +1 してあります。

　hizuke1 は貸出日，hizuke2 は返却日の初期パラメタです。本来は，演習の日とそれから 2 週間後を設定するプログラムを作成する方がベターですが，演習のレベルを上げすぎないために初期パラメタとして設定しました。

2. 貸出ファイル：kashi1 (kashi6)

　貸出トランザクション（個々の貸出記録）のファイルです。19 レコードあります。

付録表 4-4　kashi1 の項目

項目名	rno	tid	uid	kashihi	henyotei	henhi	kashiflg
内容	一連番号	図書番号	利用者番号	貸出日	期限日	返却日	貸出フラグ
文字数	数字 3 桁	数字 3 桁	数字 3 桁	数字 8 桁	数字 8 桁	数字 8 桁	数字 1 桁

付録表 4-5　kashi1 の例

rno	tid	uid	kashihi	henyotei	henhi	kashiflg
1	1	1	20200830	20200913		1
2	3	1	20200830	20200913		1
3	4	4	20200813	20200830	20200829	2

　rno は，貸出ファイルの一連番号です。レコード数は，管理ファイルの kmax で管理しています。tid は貸出した図書番号です。この図書番号で図書ファイルと関連付けています。uid は貸出した利用者番号です。この利用者番号で利用者ファイルと関連付けています。kashihi は貸出日，henyotei は返却期限日，henhi は返却日です。kashiflg は，貸出フラグです。値が「1」は貸出中，「2」は返却済み，「0」またはスペースは未貸出です。

3. 利用者ファイル：riyousha1（riyousha6）

　貸出のための登録された利用者ファイルです。27 レコードあります。レコード数は管理ファイルの umax で管理しています。uid は利用者番号，umei は利用者の氏名，kno は現在の貸出冊数です。貸出の度に貸出冊数が増えます。本書の演習問題には返却処理はありませんが，返却されれば減ります。氏名は，絵本の作者から拝借しました。

付録表 4-6　riyousha1 の項目

項目名	uid	umei	kno
内容	利用者番号	氏名	貸出冊数
文字数	数字 3 桁	漢字 20 文字	数字 3 桁

付録表 4-7　riyousha1 の例

uid	umei	kno
1	安西水丸	0
2	加古里子	0

4. 図書ファイル1：tosho1

絵本紹介用のファイルです。6レコードあります。

付録表4-8　tosho1の項目

項目名	rno	title	chosha	pub	nen	link
内容	図書番号	題名	著者	出版社	出版年	画像のリンク先
文字数	数字3桁	漢字50字	漢字25字	漢字20字	英数4字	英数40字

付録表4-9　tosho1の例

rno	title	chosha	pub	nen	link
1	100万回生きたねこ	佐野洋子著	講談社	1977	neko.bmp
2	ぐりとぐら	なかがわりえこ著 おおむらゆりこ著	福音館書店	1982	picguri.bmp
3	はじめてのおつかい	筒井頼子作 林明子著	福音館書店	1977	otukai.bmp

rnoは，図書番号です。titleは題名，choshaは著者名です。著者名の氏名と役割表示の間の区切りはありません。複数の著者名の区切りは，全角のスペースです。pubは出版社，nenは出版年，linkは画像のファイル名です。この画像はhome535にあります。

5. 図書ファイル2・3：tosho2・tosho3（tosho6・tosho7）

tosho2が検索用，tosho3が目録用です。図書ファイル2は100レコード，図書ファイル3は103レコードです。画像はありません。

付録表4-10　tosho2・tosho3の項目

項目名	rno	title	chosha	pub	nen
内容	図書番号	題名	著者	出版社	出版年
文字数	数字3桁	漢字50字	漢字25字	漢字20字	英数4字

付録表 4-11　tosho2・tosho3 の例

rno	title	chosha	pub	nen
1	11 ぴきのねこ	馬場のぼる著	こぐま社	1986
2	はらぺこあおむし　改訂版	エリック＝カールさく　もりひさしやく	偕成社	1977
3	おばけのてんぷら	せなけいこ作・絵	ポプラ社	1978

6. 図書ファイル 4：tosho4（tosho5）

紹介ページ用（その 2）です。6 レコードあります。kaisetu1 は絵本の概要です。

付録表 4-12　tosho4 の項目

項目名	rno	title	chosha	pub	nen	kaisetu1	link
内容	図書番号	題名	著者	出版社	出版年	解説	画像
文字数	数字 3 桁	漢字 50 字	漢字 25 字	漢字 20 字	英数 4 字	漢字 100 字	英数 40 字

付録表 4-13　tosho4 の例

rno	title	chosha	pub	nen	kaisetu1	link
1	100 万回生きたねこ	佐野洋子著	講談社	1977	100 万回生きて，百万回死に，100 万 1 回目はもう生まれないことで安心するねこのものがたり。私は，「不死」求める，手塚治虫の「火の鳥」を思い出した。	neko.bmp

参考文献

演習問題では触れていない HTML のタグや PHP のコマンド等の詳細については，HTML や PHP の本格的な解説書がたくさんありますので，そちらを参照してください。

ここには，筆者が HTML や PHP を全くの初歩から学習した時に繰り返し読み，本書を作成するにあたって参考にした解説書と Web 上のマニュアルを挙げておきます。

- 『HTML&CSS 入門』佐藤和人・できるシリーズ編集部，インプレスジャパン，2012，206p.
- 『HTM5&CSS3 辞典』第 2 版．(株)アンク著，翔泳社，2013，498p.
- 『はじめての PHP』山野ヒロカズ，工学社，2011，255p.
- 『いきなりはじめる PHP』谷藤賢一，リックテレコム，2011，163p.
- 『絵で学ぶ PHP 入門』オフィス加減著，アスキー・メディアワークス，2012，183p.
- 『PHP プログラミングの教科書』西沢直木，ソフトバンククリエイティブ，2012，335p.
- 『ゼロからわかる PHP 超入門』改訂新版．星野香保子，技術評論社，2016，239p.
- 『基礎からの MySQL』改訂版．西沢夢路，ソフトバンククリエイティブ，2012，518p.
- 『図書館情報技術論 現代図書館情報学シリーズ 3』杉本重雄編，樹村房，2014，208p.
- "HTML クリックリファレンス" http://www.htmq.com （2017.7.9 アクセス）
- "PHP マニュアル" http://php.net/manual/ja/index.php （2017.7.9 アクセス）

さくいん

▶記号

' ·· 51, 76, 93, 147
!DOCTYPE ······································· 17
" ·· 13, 49
··· 40
$ ··· 50
$_GET ·· 74, 158
$_POST ··· 74
％（単位）·· 12
％（任意文字列）································ 93
( ) ··· 53
* ··· 93
, ··· 51
. ··· 66
.bmp ·· 5
.html ··· 4
.php ··· 4
.txt ·· 14
// ··· 140
: ·· 65
; ·· 50
? ·· 158
?> ·· 48
[ ] ·· 76
{ } ··· 53
¥" ·· 147
+ ·· 51
</ ＞（終了タグ）································ 3
<?php ·· 48
<= ·· 54
<＞（タグ）·· 3
<＞（比較）·· 54
= ··· 13, 103
=（代入）··· 50
== ·· 54
-> ·· 91

▶タグ

<a> タグ ································ 22, 158, 170
<body> タグ ·· 10

 タグ ·· 12
<div> タブ ·· 167
<form> タグ ································· 74, 172
<h1> タグ ··· 12
<h2> タグ ··· 12
<head> タグ ·· 10
<hr> タグ ··· 44
<html> タグ ·· 10
<iframe> タグ ·································· 170
<img> タグ ··· 12
<input> タグ ······································ 74
<li> タグ ·· 20
<link> タグ ······································ 167
<meta> タグ ······································ 10
<ol> タグ ·· 20
<option> タグ ···································· 81
<p> タグ ·· 12
<select> タグ ···································· 81
<table> タグ ······································ 19
<td> タグ ··· 19
<th> タグ ··· 19
<tr> タグ ·· 19
<ul> タグ ·· 20

▶A～D

action 属性 ··· 75
alt 属性 ·· 12
AND ··· 54
ANSI ·· 7
book535 ·· 5
border 属性 ··· 19
break コマンド ··································· 65
case ··· 65
charset 属性 ·· 18
checked 属性 ······································ 82
class 属性 ··· 168
CSS ·· 166

date 関数 ··· 66

▶E～G

echo コマンド ······························· 49, 50
ehondb ·· 56
ehondbonXAMPP ····························· 56
else ··· 64
execute ·· 91
exit コマンド ····································· 85
FALSE ··· 143
fetch ··· 91
FROM ·· 93
get メソッド ······························· 75, 158

▶H～M

home535 ···································· 54, 186
href 属性 ···································· 22, 158
htdocs ·· 54
htmlspecialchars 関数 ····················· 67
HTML ファイルの開き方 ················· 13
id 属性 ·· 40
IE ·· 56
if 文 ··· 64
INSERT 文 ······································ 135
Internet Explorer ······························· 8
LIKE ·· 103
localhost ·· 56
method 属性 ······································ 75
mt_rand 関数 ····································· 66
MySQL ·· 88

▶N～R

name 属性 ··································· 75, 170
new PDO ··· 91
Notice ··· 49
null ··· 93
OPAC ··· 124
OR ··· 54
PDO ··· 90
PHP ··· 48, 49

| phpMyAdmin ················· 89
PHP ファイルの開き方 ········· 55
post メソッド ··················· 75
prepare ·························· 91
px（単位）······················ 169
query ····························· 91
radio ······························ 81

▶S～U
SELECT 文 ······················ 93
size 属性 ························ 153
src 属性 ·························· 12
str_replace 関数 ················ 66
strpos 関数 ······················ 66
submit ··························· 75
substr 関数 ······················ 66
switch 文 ························ 65
target 属性 ····················· 170
text ······························· 75
type 属性 ························ 75
UPDATE 文 ···················· 135
URL ························· 11, 56
urlencode 関数 ················ 158
USB メモリのホスト名 ········· 56
utf8 ······························· 99
UTF-8 ························ 7, 18

▶V～X
value 属性 ················· 75, 147
Web サーバ環境 ················ 56
Web サーバへのアクセス ······ 56
Web サイトへのアクセス ···· 189
Web ブラウザで開く ······· 7, 12
WHERE ·························· 93
while 文 ·························· 53
width 属性 ······················· 12
XAMPP ·························· 56
XAMPP の起動 ··········· 57, 187
XAMPP マーク ················ 188

▶あ・か行
アルゴリズム ··················· 52
インラインフレーム ····· 169, 171
エスケープ処理 ················· 67
演算子 ···························· 53
開始タグ ························· 12
拡張子 ···························· 4
拡張子の表示設定 ··············· 14
貸出システム ·················· 132
貸出ファイル ············ 124, 132
箇条書き ························· 20
関数 ······························ 65
管理ファイル ·················· 132
簡略表示 ························ 156
「偽」···························· 53
繰り返し処理 ···················· 53
検索条件 ························ 103
コマンド ························· 49
コメント ······················· 140

▶さ行
再帰呼び出し ·················· 157
ザンプ ··························· 56
終了タグ ························· 12
順次処理 ························· 52
条件 ······························ 53
条件と分岐 ······················ 64
詳細表示 ························ 157
「真」···························· 53
スタイルシート ················ 166
すべてのファイル ··············· 7
静的な Web ページ ············· 48
絶対アドレス ··················· 13
セレクタ ························ 167
全角スペース ··············· 17, 55
相対アドレス ··················· 13
ソースの表示 ···················· 60
属性名 ··························· 10

▶た・は行
タグ ······························· 3
多分岐処理 ······················ 65
単独のタグ ······················ 12
動的な Web ページ ············· 48
特定場所へのリンク ············ 39
図書番号 ······················· 124
図書ファイル ············ 124, 133
パラメタ ························· 74
半角スペース ··················· 17
比較演算子 ······················ 54
ピクセル（単位）··············· 12
プルダウンメニュー ············ 80
フローチャート ··············· 113
プログラムから開く ············· 7
プロパティ ····················· 167
分割表示 ························ 167
分岐処理 ························· 64
変数 ······························ 50

▶ま・や行
○○文 ··························· 49
メモ帳 ···················· 4, 14, 54
メモ帳の開き方 ········ 13, 14, 55
目録作成システム ············· 145
文字コード ······················· 6
文字化け ······················· 122
文字列の結合 ··················· 66
要素内容 ························· 10
要素名 ··························· 10

▶ら・わ行
ラジオボタン ··················· 81
利用者ファイル ················ 132
リンク ··························· 21
リンクを張る ···················· 9
論理演算子 ······················ 54
分かち書き処理 ················· 83

著者プロフィール

星野 雅英 (ほしの・まさひで)

1950年生まれ
広島大学理学部物性学科卒業
図書館短期大学特別養成課程修了
国立大学図書館・研究所勤務を経て
武蔵野大学・実践女子大学等の非常勤講師

図書館業務に役立つHTML・PHP入門
―Webサイト構築のための基礎を学ぶ―

2018年1月31日　初版第1刷発行

検印廃止

著　者Ⓒ　星野　雅英
発行者　　大塚　栄一

発行所　株式会社 樹村房
〒112-0002
東京都文京区小石川5丁目11番7号
電　話　東京03-3868-7321
FAX　東京03-6801-5202
http://www.jusonbo.co.jp/
振替口座　00190-3-93169

組版・印刷／美研プリンティング株式会社
製本／有限会社愛千製本所

ISBN978-4-88367-282-0
乱丁・落丁本はお取り替えいたします。